大佛頂首楞嚴經通議

憨山大師系列

大佛頂首楞嚴經通議

目錄

〈上冊〉

大佛頂首楞嚴經通議

憨山大師系列

唐天竺沙門般剌密帝 譯

明南嶽沙門憨山釋德清 述

〈上冊〉

首楞嚴經懸鏡序

首楞嚴者。大定之總名也。而世之受此經者。有不定之疑二焉。其一曰傳經不定。唐神龍初。般剌密諦三藏。潛將梵筴。私入廣州。譯而授房相國融。時本國責其違制。持筴遁去。融亦奏上不行。外則梵本無徵。內則目錄失載。已不能無疑。而智昇又謂沙門懷迪。遇梵僧於廣州。共譯十卷。校之融本。並不差異。豈迪與融同時筆受耶。智昇所記不詳如此。何以傳信。及考法顯誦之於晉。法聽持之於梁。智者不得見之於隋。而融等乃始受之於唐。或彼或此。或隱或顯。其傳經不定。起後世之疑。一也。二曰判經不定。五時四教之目。攝一切經。無不各從其判者。而獨此經最爲難判。環師判入般若。璿師判入方等。智圓諸師判入法華涅槃之間。夫不夭慧命。未獲法身。非般若矣。楞伽山上破外自然。非方等矣。匿王父子。生不逢受記之年。非法華涅槃間矣。非漸非頓。非祕密。非不定。非藏通別圓。如眞覺百問所列。始終前後。恍惚難憑。其判經不定。起後世之疑。二也。宣灑常舉秀師內道場之所書。愨師故相家之所得。相質以釋傳經之疑。竊意世人皆信二師。亦皆信此經無惑也。乃今四衆之信愨師如二師。則判以爲非一時頓說也者。顧不足信哉。室羅筏城之說。一時也。迦毗羅城之說。又一時也。結集者直欲顯一心三觀之指。即十世古今不離當念。而例何足以拘之。雖然。師已顯眞心。明大定。幾無餘蘊矣。又必名之曰懸鏡者。豈無其意歟。空中之鏡懸。而照壇中之鏡。蓋持心呪之軌儀也。昔者阿難與摩登伽。乘此呪心。一念薰修。超有漏而證無學。世尊將欲敷演大陀羅尼。先順其多聞之習。種種開示。復剗落其所聞於佛如語四衆文殊大慧比丘等種種多法。使之泰然蕩然。皎然了然。而終則快然。於此金剛三昧聞薰修之祕。此惟能說神呪。若觀世音始爲當機。故歷選圓通。取其梵音潮音。一形一呪。可從中修證者爲法耳。如是修。如是證。獲金剛心中初乾慧地。地地皆以金剛觀察。而此金剛心。金剛觀察。乃金剛三昧。自旦至暮音聲相聯。從耳根入者也。因門而入。得陀羅尼。入佛知見。不然。心有未通。佛爲妄語矣。魔有未降。呪爲唐捐矣。獨不觀世尊自立之五名乎。曰寶印。曰救護。曰密因。而終之曰陀羅尼呪灌頂章句。所云灌頂者。經中凡三四見焉。岳師判爲天竺灌頂部。誠有見於三藏所傳。必爲密宗。此之圓圓果海。詎有時量。而可以一時一教收之耶。或謂五密部中無此顯說。殊不知彼云夜啣。即如是我聞。我已聞佛金口誠言。曰灌頂章句矣。而難信受奉行。豈不謬哉。是故憨師信受而標懸鏡也。得此呪心。無論登刀入火。雖安公破句讀經。珪公詆佛妄說。無不可者。舍呪心而談眞心。是增益多聞。非世尊意。亦非憨師之意矣。
萬歷辛卯元旦獅子林居士虞淯熙書

首楞嚴經懸鏡序

原夫首楞嚴經者。乃諸佛之祕藏。修行之妙門。迷悟之根源。眞妄之大本。而其所談。直指一味清淨如來藏眞心爲體。蓋此心體。本自靈明廓徹。廣大虛寂。平等如如。絕諸名相。聖凡一際。生佛等同。然迷之則生死無端。悟之則輪迴頓息。是以吾佛證此。愍物迷之。故假大權。發啓斯教。大開修證之門。曲示歸家之路。是以一部所詮。從始洎終。不出迷悟眞妄二法。然迷途萬狀。悟有多門。若剋體窮源。不無其要。至若從迷至悟之方。返妄歸眞之指。端在楞嚴大定三觀妙門。若欲洞觀法界。徹見自心。覿體還源。莫斯爲要。慨夫文詞簡奧。義理幽深。雖諸家註疏。精暢發明。而學者貪程。罔知捷徑。致使理觀昧於陳言。修習失於正受。清不揆固陋。志嘗刻意斯文。杜絕見聞。窮歷冰雪。顧智識暗昧。非敢妄擬聖心。每於一線通途。麤述鄙意。庶潛修之士。若攬鏡以照形。願即事安心。頓融藏性者矣。

萬歷丙戌冬憨山頭陀德清書於東海那羅延窟

首楞嚴經懸鏡

明東海那羅延窟海印沙門釋德清述

將通大義總啟二章（三分大義別具通議茲不繁列）

初大開修證之門（從初啟請至結經名）

次曲示迷悟差別（從精研七趣至五十重陰魔）

初中略有四意

一示三觀之體　二示三觀之相

三示三觀之用　四結三觀之名

初開修證門中有四意者。良以眞源湛寂。絕生滅之端。法界幽玄。泯聖凡之跡。本無修證。豈屬悟迷。今依不迷之迷。故立無修之修。斯有無證之證矣。蓋迷眞逐妄。遂沈生死之流。今欲返妄歸眞。須建依眞之行。而此經者。蓋以一味清淨法界如來藏眞心爲體。依此一心。建立三觀。依此三觀。還證一心。故曰。無不從此法界流。無不還歸此法界。是以阿難示同未悟。不達此心。故一向多聞。未得無漏。不能頓拔生死之根。遂溺摩登婬舍之難。由是殷勤啓請三觀妙門。故我世尊先示一心照明萬法。而首告之曰。一切衆生生死相續。皆由不知常住眞心性淨明體。又曰。有三摩提。名大佛頂首楞嚴王。具足萬行。十方如來一門超出妙莊嚴路。觀此二語。足見全經之旨。豈非欲令先悟一心。依之建立三觀。修此三觀。還證一心者乎。洎乎一往所答。雖多方決擇。委曲搜揚。無非顯示一心之源。密陳三觀之體。（從初卷至四卷中）因之起行造修。勾引二十五聖。旁通悟入之方。勅選耳根。正是最初方便。（從四卷半至六卷初）是使初心創志。則知觀相分明。然後任運一心。法爾淺深。具有斷惑證眞高下之用。（從七卷初至八卷中）修斷已極。故結指觀門。使始終一源。不出楞嚴大定。故以經名而繫之終焉。此實通途之大旨也。

初示三觀之體。而此體者。所謂常住眞心性淨明體。即一眞法界如來藏心也。先示此體爲所觀之境。要依此體啓大智用故。然此藏心具有三意。一空如來藏。二不空如來藏。三空不空如來藏。

一空如來藏者。謂此藏性。其體本空。一法叵得。如摩尼珠。其體空淨。了無色相。雖有隨方之色。色不離珠。以即珠故。眞心本淨。了絕妄緣。雖有隨緣之妄。妄不離眞。以即眞故。名曰眞空。故爲觀者。先示眞心以爲觀體。能觀此體。名眞空觀。經名奢摩他亦名體眞止此從經首阿難啓請。世尊許說。曰有三摩提名大佛頂首楞嚴王。具足萬行。十方如來一門超出妙莊嚴路起。一往七徵八辯。始則決擇眞妄。且云妄不是眞。以明五蘊身心不有。世界本空。破我法二執。以顯本覺眞如。以至三科七大。會歸藏性。然後眞妄和融。方顯妄即是眞。從淺洎深。大段總顯空如來藏理。從初卷啟請至第三卷終二不空如來藏者。謂此藏體雖空。具有恆沙稱性功德。包含融攝。纖悉不遺。如摩尼珠。其體雖淨。具有圓照之用。而能隨方現一切色。色即是珠。以珠現故。藏性雖空。而能隨緣顯現十界依正之相。相即是性。以性起故。名不眞空。故爲觀者。示此藏性以爲觀體。能觀此體。名不空觀。（經名三摩亦名方便隨緣止）此從富那執相難性。三種相續。深窮生起之由。委明循業發現之義。總顯不空之體。（始從四卷初。至本卷故發眞如妙覺明性。有半卷經文。計一千五百餘言。）

三空不空如來藏。謂此藏性。其體清淨。能應能現。如摩尼珠。其體淨圓。淨故非色。以即珠故。圓故能應。非不色。以即色故。非色非珠。而此藏性。其體淨圓。淨故非相。以即性故。圓故能現非不相。以即相故。非相非性。名空不空。非相故空。非性故不空。非即非離。平等如如。名曰中道。故爲觀者。示此藏性以爲觀體。能觀此體。名中道觀。經名禪那。亦名離二邊分別止。亦名等持。此從四卷中而如來藏非心等起。至即常樂我淨等。文有二章。幾三百言。然上三諦。體雖不二。舉一即三。終帶名言。猶存歷別。未及一心之源。難契圓融之旨。必若離即離非。是即非即。則藏心妙性。徹底窮源。絕諸對待。良以雙離則雙泯。雙是則雙存。存則三諦靈然。泯則一心無寄。寂照同時。存泯無礙。唯在忘言者可以神會。絕慮者可以心通。可謂妙契寰中。泯同法界矣。圓融圓融。深思深思。歷然不昧。故佛開示已畢。乃總告之曰。上來所說藏性之理。如此深妙。如何汝等以所知心而能測度。

世間語言而能入哉。且此妙理。人人本具。然雖本具。隱而未現。譬如琴瑟雖有妙音。非妙指不能發。衆生雖具妙心。非妙觀不能顯。且如我今證此眞心。安住大定。圓照法界。凡有動作。皆是大用現前。汝等迷之。舉措云爲。皆是塵勞業用。故曰。如我按指。海印發光。汝暫舉心。塵勞先起。此無他故。蓋由不肯勤求。得少爲足耳。當機遂請何因有妄。要顯妄元無因。使悟妄不離眞。亦似頭非外得。然此天然妙性。不假修成。但能一念回光。方悟神珠本有。故隨結責戲論。切勸修持。乃曰。汝雖憶持十二部經。不如一日修無漏業。如何自欺。尚留觀聽。而不修之。是以阿難聞說。疑惑消除。心悟實相。遂乃請入華屋。攝伏攀緣。冀得陀羅。入佛知見等。由是觀之。大槩一往開示藏性。豈非欲令先悟一心。依之建立三觀妙行。然後行成解絕。頓證一心者乎。

初示三觀之體屬見道分竟

二示三觀之相者。由前開示一眞法界如來藏心。而此心體具有廣大智慧光明義故。說名爲智。今以即體之智。還照寂滅之體。理智一如。離念離相。名一心源。了無說示。今約眞妄生滅之門。會取返妄歸眞之路。方便施設。亦有三重。以智照理。故單以觀名。約妄相以明。故曰觀相。

且先略示觀門

一奢摩他空觀　　二三摩鉢提不空觀
三禪那中道觀

一奢摩陀。名空觀者。謂了一眞法界如來藏心。本無生滅。亦無諸相。蓋因一念不覺而有無明。因此無明。生起三細六麤。四大六根。種種諸法。而此諸法。唯心所現。本無所有。但是一心。心體圓明。離一切相。如珠中色。本來不有。以即空故。故曰色即是空。以色非色故。色不異空。故名眞空。作是觀者。名眞空觀。

二三摩鉢提。名不空觀者。謂了根身器界一切諸法。既是一心。心體圓明。清淨本然。周徧法界。隨緣顯現。此則諸法當體虛假。如幻不實。如珠中色。分明顯現。全珠即色。以即色故。故曰空即是色。以空非空故。空不異色。故名不空。作是觀者。名不空觀。

三禪那。名中道觀者。謂依此寂滅一心。照明諸法。諸法法爾當體寂滅。寂故名空。照故不空。如珠與色。非色非珠。名空不空。非寂非照。如如平等。唯一心源。湛然不動。離即離非。是即非即。言語道斷。心行處滅。心心無間。任運流入薩婆若海。作是觀者。名中道觀。

次正示觀相文中大科為四

初總示迷悟之根　　二正示一心三觀之相

三略示解結之方　四廣示最初方便

初總示迷悟之根者。由前阿難聞佛開示。已悟如來藏性妙覺明心。圓滿周徧。備在於己。不假外求。良以一向徒事攀緣。不能攝伏。今將思而修之。不知造進之方。故有請入華屋之問。冀得直捷之門。即可乘便而入。因相而修。故此科名三觀之相。然世尊所示別無其方。先令決擇眞妄分明。然後隨宜調治。故欲返妄歸眞。造端不出二決定義。意者。蓋原迷此圓明湛寂之眞心。結爲四大。妄分六根。根塵和合。虛妄生滅。引起五濁業用煩惱。使妙圓之體隔越而不通。若羣器參乎太虛。湛淵之心渾濁而失照。似塵沙投於清水。此則本不分而分。元不濁而濁矣。今欲即生滅以證眞常。旋虛妄而復妙覺。要先以此不生滅心爲本修因。照破生滅之原。次審所結之根。誰是煩惱之本。若生滅入照。則當下眞常。若煩惱知根。則迎刃而解。斯則能照之一心。心心寂滅。所照之萬法。法法圓通。是以頓超五濁。旋復一元。若依此爲因心。可圓成於果證。然則所迷之一心。雖是本圓周徧。能迷之六根。現前力用不齊。今若即迷返悟。就路還家。固爾門門皆可窮源。處處盡堪合轍。良以初心昧劣。不解圓觀。必須直指當陽。要在一門深入。由是備顯六根優劣。令審誰淺誰深。淺則逆離而難通。深則順合而易入。果能入一無妄。則六湛圓明。諸妄消忘。而一心清淨。如是。則吾家之故物可歸。諸佛之涅槃可證矣。此後重徵一六。意顯粘湛而妄發。深窮生滅之根元。再起斷見之疑。驗出眞常之妙性。斯已密揀耳根。以爲初心方便。若一心守眞常而棄生滅。則無上知覺。應念圓成。得一旦常光顯現。而生滅圓離。則根塵識心。應時消落。此實圓觀之祕訣。破妄之神符。還元之旨。妙在茲乎。是所謂返妄歸眞。無出二決定義也。

二正示一心三觀之相

阿難聞前第二義門。生滅即常之說。遂起何名結解之疑。意謂生滅不常。可說爲結。今既常矣。將何物而名結。結既尚無。

從何物而名解耶。蓋前以常爲斷。此則執妄爲眞。皆由不了迷悟同根。眞妄一體。故致斯問。此實初心所混。故須甄明。令其觀相分明。不墮空有之見。要顯中道之旨。方契一心之源。故爾諸佛因而同告之曰。使汝生死涅槃者。皆汝六根所致也。豈又更容他物哉。直由迷悟之分。故有結解之異耳。如此明言。當機猶自未悟。世尊因而解之曰。根塵識性。同一眞源。縛脫兩途。元無二致。蓋因迷一眞而妄見六根。知見立知。即名生死。了六根而本同一體。知見無見。斯即涅槃。此實結解之元。豈可更容他物。然此雖明空有。未極一心。何則。蓋一眞之性。不屬生死涅槃。如來藏中。本無去來迷悟。至若有爲起而無爲滅。俱是緣生。如目前之幻化。無爲起而有爲滅。盡爲不實。若眼底之空華。况非眞與非眞。何有能見所見。（能見六根所見六塵）然而根塵之間。元無實體。虛有其相。故若交蘆。是以結解同根。聖凡無二。汝試但觀交中識性。（即第八阿黎耶識）空有何名。蓋由明昧因依。眞妄互立。迷之而六妄同生。悟之而一眞何寄。良由此體甚深微細。熏變難思。執之則眞已非眞。取之則非幻成幻。苟不取而非幻尚無。不執而幻法何立。如是則六根圓湛。空有雙祛。三諦圓觀。是非齊泯。妙圓之旨。盡在茲乎。此則是名金剛三昧。如幻摩提。修之而一念頓超。擬之而諸佛同證。此所謂十方婆伽梵。一路涅槃門。若欲徑登彼岸。直造妙嚴。

唯此大定法門。故應修而證入也。

上來已示一心三觀之相。乃佛佛成道之門。今將思而修之。爭奈初心不知直捷之方。故有六解一亡之問。遠啓選擇之談。故我世尊。精宣妙旨。巧示玄機。聊綰華巾。將成六結。以明依一巾而有六結。結若解而巾亦不存。要顯依一眞而分六妄。妄若消而眞亦不立。何則。良以眞淨界中。本無此事。生死涅槃。皆即狂勞顚倒華相。故須眞妄兩忘。方可會歸中道。直造一心之源耳。故隨請解結之方。審明下手之處。除結當心。以顯二邊無力。當陽直入。必須中道收功。斯實入圓之要術。

三略示解結之方

破惑之利具。唯其法門甚深。恐難諦信。世尊因而矢之曰。我此說者。乃出世微妙之因緣。非世俗和合之麤相。況我世出世法。一一皆了元因。剋此修行。豈不知其節要。如茲功用。不勞彈指。而頓證無生。不涉途程。而徑登佛地。是故阿難。隨汝心中選擇。憑在何根。用此妙術解之。諸妄何愁不滅。恐汝不能圓觀頓脫。是須次第銷鎔。先且選擇一根。以爲最初方便。若得此根初解。五粘隨脫。而先得人空。從此觀智增明。然後成法解脫。若所觀人法雙空。則能空觀智亦泯。斯實藥病俱遣。眞俗兩融。三諦靈然。一心無寄。如斯圓照。任運冥樞。是名從三昧以契無生。即六根而證常樂。直捷之指。無尙此矣。初心方便。妙在茲乎。

四廣示最初方便 二十五聖。一一皆是最初方便。但觀音耳根一門。堪合此方之機。故曰廣示。

阿難聞前開示觀相分明。已悟隨根皆可證入。然猶不知隨處下手做作之方。抑又未達的指何根。堪作此界當機最初方便。且將刻志進修。冀成道果。庶不失此嘉會。辜負密言。亦爲遠益未來。成就最後開示。故有請惠祕嚴之問。然此祕嚴之旨。乃吾佛自證根本法門。甚深微妙。難解難思。果海離言。了無說示。今茲曲垂指示。須藉旁通。故假二十五聖。各說最初方便。意顯三科七大。隨處皆可還源。大小三乘。遠近一齊趨入。且令諦信不疑。托此將爲證據。是以諸聖奉勅。用解先登。或析色體色。以取單眞。或即俗離俗。要歸中道。偏圓互煥。星月交羅。深淺齊驅。牛羊共渡。斯則門門總是圓通。法法盡成解脫。苟能入此三昧。證是妙門。隨處而常光普照。應念而諸佛現前。水流風動。共演圓音。世界山河。普現三昧。至此始知自他不二。依正互融。消習漏於刹那。廓衆塵於一念。無作之行芬披。眞常之樂自現。然此祕嚴利器。付之勇猛丈夫。有何堅而不破。又何結而不解哉。然雖正偏兼到。順逆皆通。不知此界當根。誰爲要妙。若是塵中作主。非大智無以潛睟。鬧裏奪尊。非大悲不能下手。故勅文殊揀選。誰合此方之機。唯獨觀音耳根。可作最初方便。何則。原夫覺海澄圓。圓澄元妙。

本無世界及與衆生。直以一念纔興。空漚頓起。諸緣不息。三有齊生。是以六處妄分。諸塵妄隔。使圓通妙體。不得而圓通。常住眞心。莫得而常住矣。若約妄法全眞。斯則歸元之性不二。奈何根機不一。是以方便之路多門。在乎聖性。順逆皆通。屬之初心。不無遲速。今者若就六塵而入。六塵之體本非常住。若依五根而入。五根之性匪涉圓融。若憑六識。而六識生滅宛然。若假五大。而五大無知昏鈍。若據見性。雖則都攝六根。然尚在能所。未能忘照。若觀識性。雖則包含萬法。猶存分別。難以契眞。今若剋合此方教體。的示機宜。速取三摩。實從聞入。何者。良以聞根圓妙。十處周聞。聞處虛融。牆垣莫隔。音聲生滅。聞性恆常。寤寐一如。身心不及。此則可由聞性以證眞常。從耳根而入妙覺矣。況復此界衆生。此根最利。投機之指。莫尚於茲。良由迷本循聲。故此流轉生死。果能旋流無妄。豈不頓契無生。此是金剛三昧。如幻妙門。如斯祕密。絕要眞修。何不將聞以自聞聞。豈肯畜聞而成過誤。況聞非有體。因聲以名。若旋妄遺塵。則性何名狀。此所以一根既返源。六根成解脫也。其如六根幻翳。三界空華。今聞復而翳除。則塵消而覺淨。淨極光達。寂照含虛。根境皆空。猶如夢事。安有夢中之境。而能畱汝形骸耶。大槩世間男女。皆如幻以幻成。雖見搖動。全一機抽。若機息而幻消。則情忘而執謝。圓明妙體。當下現前。諸佛衆生。應時平等矣。如斯妙利。眞實圓通。何不旋倒妄之聞機。返自聞於眞性。以成無上之道哉。此是微塵諸佛。一路妙門。三世聖賢。修行捷徑。非但觀音獨擅。我亦從中證入。是若將救末劫。求出生死之人。欲速成就菩提。無過耳根爲最。斯乃大小共由之門。淺深同說之法。但依此修。超乘餘根。眞實心要。莫斯爲妙者矣。於是當機聞說。自心了然。明見還家歸眞道路。斯則觀相分明。現前無惑。奈何未來末法。邪道亂眞。其有依教信行之輩。如何攝心軌則。得正熏修。安立道場。遠諸魔事。故發度人之請。遠益未來之機。通會長途。猶屬行門之事。然世尊所答。別無其方。直以毗奈耶中三決定義。所謂攝心以戒。定慧是生。三者圓明。可超諸漏。然前見道明心。已開慧性。修道方便。定相圓明。至其戒爲基本。尙未明言。今若得正熏修。須憑定慧。若欲違制行業。必稟戒輪。且夫生死之海滔天。始於濫觴之念。煩惱之林翳日。生於萌蘖之根。今若絕末停流。端在塞源拔本。戒雖多品。四重爲根。根本不生。枝流自絕。然而眞修以離欲爲本。故先婬欲首懲。生死以冤負相牽。故次殺盜隨舉。妄言矜俗貪愛潛滋。委論酬償殺盜相若。爲其永殞善根。不成三昧。故例屬重尤。是須併斷。若欲圓成修學。必先持此冰清。果能四事不遺。自然遠諸魔事。正行可成。正定可入。然而現行易制。宿習難除。是須誦我無上佛頂心呪。此則顯密雙修。三慧並運。庶幾三障可破。三惑可除。而三界可超。三身可證矣。況此神呪功力。速疾冥資。但能依教加持。破惑如霜遇日。是以略陳軌則。令依清淨之師。若要詳悉壇場。必使衆緣具足。身心俱淨。事理齊修。庶指日以取菩提。刻期而成聖果。妙圓之行。誠在斯矣。歸眞之要。妙在茲乎。是故宣揚神呪。使衆咸聞。廣顯功能。策令諦信。方盡修道之門。統收妙圓之行耳。

二示三觀之相屬修行分竟

三示三觀之用者。上來所說觀相分明。得倚圓根。即可乘便直捷而入。依之造修。任運一心。法爾不無斷惑淺深。證眞高下之用。是故阿難聞前顯密開示。得正熏修。身心快然。獲大饒益。然猶不知如是修證。未到涅槃。始從凡夫。終至佛地。中間漸次名目。以何而至。是故請問五十五位眞菩提路。要顯圓妙觀行。有此能斷能證之力用。轉凡成聖之功能。故名三觀之用也。然世尊所示。先明二種顛倒妄類之因。後示五十五位眞家之路。所以然者何也。良以妙性圓明。眞源湛寂。本無迷悟。安有聖凡。蓋由一念纔興。則三有之空華亂起。寸心方歇。則一眞之幻影全消。是所謂生滅名妄。迷之則生死無端。滅妄名眞。悟之則輪迴頓息。然且生死界寬。總之不出一十二類。涅槃道遠。要之不過五十五程。實由迷一眞而爲六想。則二種顛倒相因。悟六想而本一眞。則二種轉依。是號。是故汝今欲修三昧。直詣涅槃。先當識此顛倒之因。斯可圓成眞三摩地。何則。良由迷眞覺而成不覺。故號無明。遷無生而作衆生。是稱顛倒。此則本不生而生。斯有無生之衆生。本無住而住。故有無住之世界。是以迷輪不息。則生死之業何窮。妄念不休。則遷流之世何已。且既能以一念之迷妄動。而六想橫發。輪迴於十二類生。則可以一念之悟無生。而三觀齊修。證取於五十五位。由是觀之。則衆生實約四蘊之心。世界端指色蘊之質。此則全憑正報以顯悟迷。總屬衆生以明眞妄。是所謂使汝流轉生死。速證妙常。皆汝六根。更非他物。意此豈非知見立知。即無明本。知見無見。斯即涅槃者乎。細尋大旨。詎不信哉。然全妄即眞。顚倒具於妙圓眞心。全眞即妄。修證本於元所亂想。故三種漸次因之而建立。五十五位由是而進趣。何也。蓋六根相續。端由婬殺爲因。諸苦長淪。直以盜妄爲本。今將長揖三界。永越四生。必痛絕助因。使正性剞而不發。制止現行。令根境偶而不行。如是則根塵泯合。心境俱空。身土皎然。自他圓證。此則始從觀行。以至分眞。永斷無明。而躋妙覺。然重重觀察。位位研窮。莫不皆以首楞大定。三觀妙門。單複圓修。漸次證入者矣。三觀之用。無尚此耳。一生取辦。其在茲乎。修斷已極。故結歸觀心。以終其請。故曰。是種種地。皆以金剛觀察如幻十種深喻。奢摩他中。用諸如來毗婆舍那。清淨修證。漸次深入者也。

三示三觀之用屬證果分竟

四結三觀之名者。由前一往開示。令其先悟妙圓心體。依之建立圓妙行門。藉此妙行圓修。還證妙圓之體。此則背塵合覺之行既終。返妄歸眞之路明矣。故文殊請問經目。意在結指觀名。何者。蓋約世諦而談。則名無得物之功。是即有名無實。若就勝義而論。則理有當名之實。斯即有實有名。良以上來所詮之義。若理行因果。俱屬圓融。然則能詮之文。若教相名言。皆歸究竟。由其理趣深玄。故一言難盡。偏圓互煥。五目方周。意者。前來開示要妙法門。若剋體而名。乃是如來藏心一實相印海眼眞經。故名大佛頂薩怛多鉢怛囉無上寶印。十方如來清淨海眼。若就用而言。則凡在有緣。皆堪受度。惑無不斷。眞無不窮。故名救護親因。度脫阿難性比丘尼。得菩提心。入佛知見。若的指因果皆眞。則佛佛資成之始。無非究竟指歸。故名如來密因修證了義。若合論體用廣大。因果同時。則含染淨而不易。自在難思。具性德而無遺。出生無量。故名大方廣妙蓮華王。十方佛母陀羅尼呪。若據法身所演中道名言。契之而頓紹佛家。修之而不出大定。故名灌頂章句。諸菩薩萬行首楞嚴。斯皆稱實以彰名。隨德以立號。要之不出一心。統之不離三觀。此所謂言雖請問經目。意在結指觀名。是則教理行果。皆歸大定之源。眞妄悟迷。總入如來藏心者矣。大事因緣。莫過於此。開示悟入。無尙茲乎。

四結三觀之名竟

上來七軸半文。通科判爲大開修證之門。開此四章。良有所以。顧初心草創。誠味細詳。若論宏綱。略題大要。冀潛修之士。同志高人。先請熟讀經文。然後安心觀法。覽斯文而通會。忘言象以冥符。願一旦常光顯現。使根塵識消。則佛法身心。皆爲餘事。矧此妄識依通。豈非剩語者哉。

已上大開修證之門竟

次曲示迷悟差別

上來開示一心。眞源已徹。三觀妙旨大通。迷悟之狀悉陳。凡聖之情盡矣。然迷唯一念。因情想亂發。而取七趣之升沈。悟止一心。因妄見橫生。而取五陰之魔擾。所謂自心取自心。非幻成幻法。故我世尊眞慈痛發。摘膽剜心。精研七趣。因情想而分內外多少之不同。詳辯陰魔。約妄見而顯心觀淺深之不一。所以然者。直欲吾人思地獄苦。發菩提心。知有涅槃。不戀三界。嗟呼人者。苟能執此金剛寶劍。如幻定門。斬愛根於當下。則三有之空華影滅。世界平沈。拔見刺於刹那。則一心之幻翳全消。虛空粉碎。直使纖塵不立。一念不存。成佛果於今生。消習漏於曠劫。此所謂圓滿菩提。歸無所得矣。如是信受。如是奉持。是眞精進。是名眞法供養。可謂雄猛丈夫。大自在安樂人也。有何恩而不報。有何德而不酬耶。不然。則墮復墮矣。豈不痛哉。

首楞嚴經懸鏡

首楞嚴經通議略科題辭 附號記

此經文博義幽。舊解但科其文。而未盡挈其義。故於通塗一貫之旨未暢。使觀者徇文而大義難明。以致修心三觀。不得其門而入。雖古今講演。流通盡大地。而依之造修者。皆不知其要。有負　如來開示正修行路也。今愚妄爲通議。直欲發明條貫。使學者一覽便見指歸。其略科但先提揭要義。以示文外之旨。大端稍異前人。而義則昭然易見。觀者萬不得以臆見而忽之也。今以標科。各立號記。使易尋流討源。非特好爲奇事也。幸勿厭之。

憨山老人清識

科號次第預列以便臨文尋討

首楞嚴經通議提綱略科

明南嶽沙門憨山釋德清排訂

此經一部十卷準常分三

- 初序分二
  - 初通序（如是）
  - 二別序（屬諸）
- 二正宗分二
  - 初大開修證之門（四分）
    - 初示三觀之體（三分）
      - 初開空如來藏示空觀之體（二分）
      - 二開不空如來藏以示假觀之體
    - 二示三觀之相
    - 三示三觀之用
    - 四結三觀之名
  - 二曲示迷悟差別
- 三流通分

- 三開空不空如來藏示中道觀體
  - 初約生滅門中決擇眞妄以顯本覺眞心 二分
    - 初當機請行 阿難
    - 二世尊曲示 四分
      - 初正破五蘊八識以明人空 四分
        - 先徵心破色受二蘊明前五識無體 六分
          - 初審發心 佛告
          - 二斥妄本 佛言
          - 三詰妄元 阿難
          - 四審妄處 佛告
          - 五正示定體 爾時
          - 六正破妄處無體 佛告
      - 二例破二種世界以明法空
      - 三顯本覺離緣以示眞如出纏
      - 四拂跡入玄以顯眞如絕待
  - 二約不生不滅會妄歸眞以顯眞空藏性

二斥妄心破想蘊以明六識無體分四

- 初當機重請定門 爾時
- 二世尊光示定體 爾時
- 三總示顛倒根本 佛告
- 四正示顛倒 分三
  - 初詰顛倒之心 分五
    - 初驗詰妄心 阿汝
    - 二斥妄想非眞 佛咄
    - 三詰六識無體 阿難
    - 四帶顯七識非眞 縱滅
    - 五總責顛倒 佛告
  - 二詰顛倒之見 分三
    - 初當機重請 阿難聞已
    - 二光示一眞 即時如來
    - 三會見歸心 阿難汝先

- 初示凡夫顛倒 阿難
- 二示二乘顛倒 分二
  - 初示迷 即時
  - 二詰責 於是

三示顛倒之人分二
初請 阿難復難
次答分六
三示外道顛倒 匿王
四示顛倒之狀 阿難
五正責顛倒 佛興
六示迷悟同源 晦昧
上斥妄心破想蘊竟
三辯妄見破行蘊明七識無體分二
初破妄分五
初呈妄見 阿難
二揀妄緣不實 佛告
三示根識俱妄 若眞
四示可還非眞 離諸
二顯眞 一切
初徵破分別妄見無體 分四
初請 阿難
二姑借見精以揀緣塵 分二
初請不還 阿難

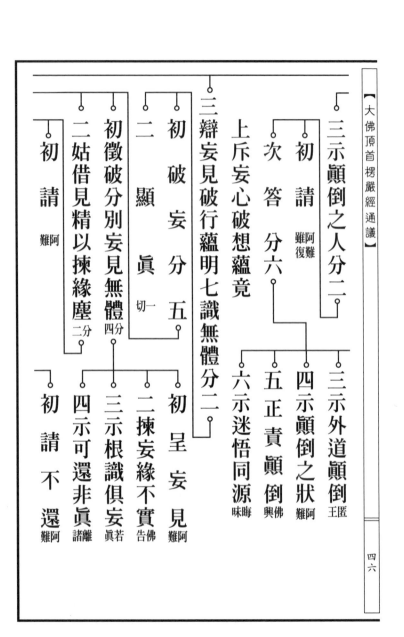

- 次答 分三
  - 初立見精 佛告
  - 二揀緣塵 阿難
  - 三示見性 諸可
- 三示見性離緣以顯見精 分四
  - 二定見量 佛告
  - 三揀緣塵 阿難
  - 四示見精 阿難
- 四破轉計見精是物 分二
  - 初破轉計 若見
  - 二示眞見 阿難
- 五正破見量以顯眞心 分二
  - 初立量 阿難白佛
  - 二正破 佛告阿難
- 四非見精破識蘊滅第八識的指正修行路 分三
  - 初破我執以顯一眞 分三
    - 初當機出計 阿難白佛
    - 二世尊委破分二
  - 二破自證以顯一眞 分四

初當機出計 誠如法王
二世尊委破分二
初即物破是見 汝今
二即物破非見 佛復
三文殊顯眞 是時文殊
三的示精覺 當知如是
四重拂妄計 世尊必妙
初破自然 我今如是
二破因緣 佛言汝言
三破見精以示始覺分三
初徵破妄計 吾復問汝
二的示始覺分二
先揀緣 汝今當知
次的示 四義成就
三結責勸修 汝等聲聞
上正破八識以明人空竟
△二例破二種世界本空以明法空分二
初當機呈請 阿難白佛
初進別例同 阿難如彼

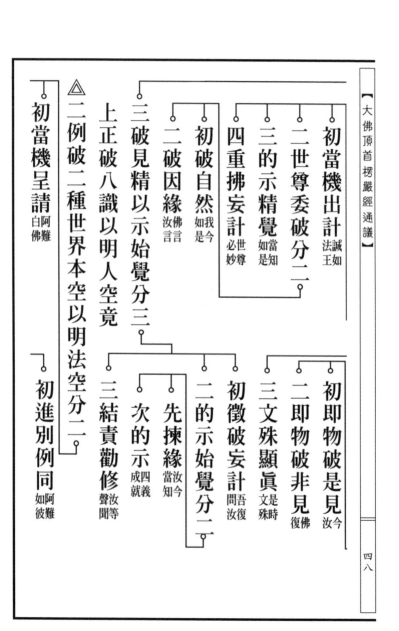

二世尊許說分二
初許說誡聽 爾時世尊
二正示二妄分二
初總示 阿難一切
二別示分三
初別業妄見 云何
二同分妄見 云何
三進退合明 分三
初退同例別 阿難如彼
二進退合明 一病目人
三進退合明

△三顯本覺離緣以示眞如出纏 若能遠離

△四拂跡入玄以顯眞如絕待分二
初世尊特示 汝雖
二重拂妄計 分二
初破和合 吾今
二破不和合 白佛

二約不生不滅會妄歸眞以顯眞空如來藏性分二

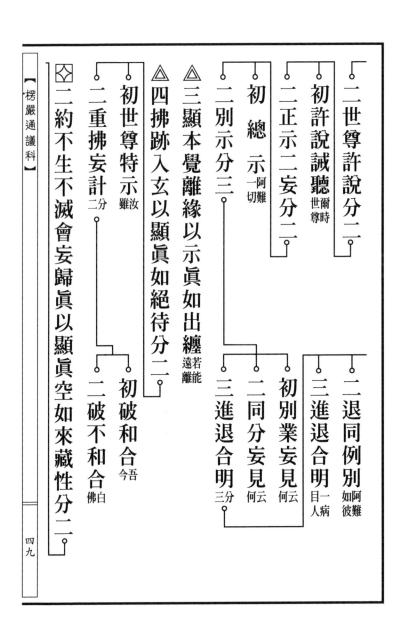

- 初直指一心（汝猶）
- 二頓融萬法（分三）
  - 初會三科以顯即事即理（分四）
    - 初會五陰
    - 二會六入
    - 三會十二處
    - 四會十八界
  - 二會七大以顯事理無礙（分五）
    - 初當機疑請（白佛）
    - 二許說誡聽（爾時）
    - 三總出妄計（如汝）
    - 四特示一源（如水）
    - 五徧示大性（分七）
      - 初示地大
      - 二示火大
      - 三示水大
      - 四示風大
      - 五示空大
      - 六示見大
  - 三當機領悟說偈陳情（及諸）

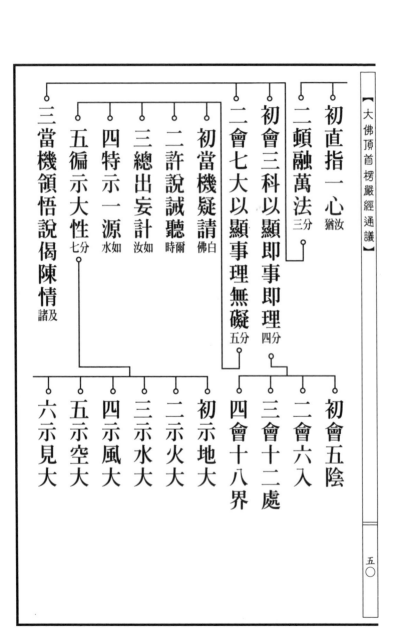

前開空如來藏體竟

- 七示識大
- ◉第二開不空如來藏以示假觀之體從四卷初至妙覺明性止分三
  - 初當機疑請爾時
  - 二正迷疑情分二
    - 初疑眞不容妄世尊
    - 二疑四大相陵又汝
  - 三世尊欽啓分五
    - 初許說誡聽爾時
    - 二示妄依眞起分五
      - 初立一心爲迷悟之本如汝
      - 二雙詰二門爲生起之因佛言
      - 三認妄失眞富那
      - 四生滅門中依無明不覺生三細佛言
      - 五境界爲緣長六麤分三
        - 初總顯六麤無同異中
        - 二別示相續分三
          - 初明世界相續覺明空昧
    - 三示本無生滅分二

- 初執妄疑眞 富那
- 二示本無生滅 佛言
- 二明衆生相續 復次富那
- 三明業果相續 富那想愛
- 三結顯妄相 如是三種
- 四顯理事無礙 又汝
- 五顯迷悟同源以結事理無礙 以汝色空

◉第三開空不空如來藏示中道觀體 從離即二章至得少爲足 分四

- 初約遮照以顯圓 分四
  - 初約雙遮以顯圓 而如
  - 二約雙照以顯圓 以是
  - 三約同時以顯妙 俱即
  - 四結示離言 如何
- 二示一心以顯頓悟頓得 富那
- 三示眞妄雙絕以顯妙 分二
  - 初當機執迷猶疑因緣自然 即時阿難
- 四結責勸修以發行 菩提

二世尊曲借旁通即事以顯眞如絕待 分六
- 初總顯迷悟俱非 佛告
- 二顯眞妄雙絕分二
  - 初例眞絕分二
    - 初絕自然 阿難
    - 次絕因緣 若自
  - 二例妄絕分二
    - 初絕自然 本狂
    - 次絕因緣 不狂
- 三結妙絕言思 若悟
- 四遣妄緣 是故
- 五觀智雙泯 滅生
- 六泯同果海 離合

△第二詳陳衆行以示三觀之相分二
- 初特請行門 阿難
- 二世尊委示行相 分三
  - 初以不生滅心爲本修因 分三
    - 初示能觀之心 云何

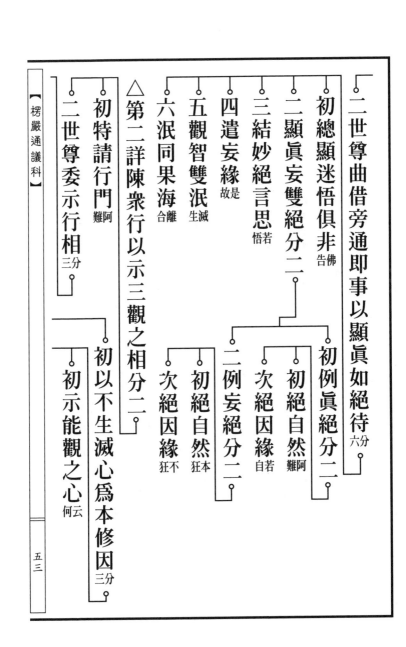

- 初示自利妙圓理行 分四
  - 初通示迷悟之根 分四
    - 初總示發覺初心 爾時
    - 二別示二決定義 分二
    - 三略示妄盡還源 分二
  - 二正示三觀之相
  - 三略示解結之方
  - 四廣示最初方便
- 二示利他妙圓事行
- 三示俱利妙嚴密行

- 二示所觀之境 分三
  - 初示生滅源 則汝
  - 二喩生滅相 云何
  - 三別明生滅 五濁
- 三示觀行之因 分三
  - 初明因眞果正 阿難
  - 二喩斷惑淺深 分二
    - 初喩漸斷 如澄濁水
    - 二喩頓斷 去泥純水
  - 三結眞窮惑盡 明相

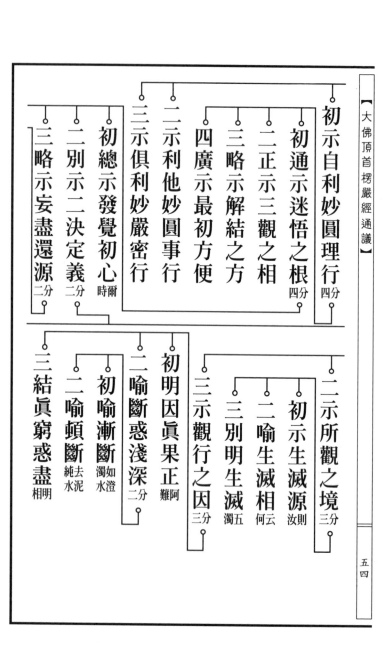

- 初當機疑請 阿難
- 二世尊的示 分十
  - 初總明機淺法深 佛告
  - 二令觀六一虛妄 汝今
  - 三的示眞妄兩忘 阿難
  - 四責迷執一 汝須
  - 五喻出形名 如太
  - 六別示妄源 分二
    - 初別顯妄源 分六
      - 初眼根
      - 二耳根
      - 三鼻根
    - 二總結虛妄 阿如
  - 七指歸觀心 汝但
  - 八智起惑忘 伏歸
    - 初責許除疑 佛告
- 二審煩惱根本意擇圓根 分六
  - 初敕令詳審 第二
  - 二正指結根 阿難
  - 三顯根因妄織 云何
  - 四顯力用不齊 分六
    - 初眼根
    - 二耳根
    - 三鼻根
    - 四舌根
    - 五身根
    - 六意根
  - 五誡選圓根 汝今
  - 六使一門深入 十方

九略顯大用 明不
十顯妄盡還源 今汝
四密示最初方便 二分
初當機重疑斷滅 二分
初以眞疑妄 阿難
二以妄疑眞 世尊
二巧示眞常 五分
◎第二正示一心三觀之相分二
初當機以眞疑妄 阿難
二佛示迷悟同源 四分

二擊鐘以驗 即時
三正顯眞常 五分
四總結顛倒 以諸
五指歸眞心 三分
初滅塵同覺 若棄
二智起惑忘 常光
三塵消覺淨 想相
初指眞源不二 佛告
二示無明體空 識性

四舌根
五身根
六意根
初揀定
二正示
三責迷
四喻顯
五結顯

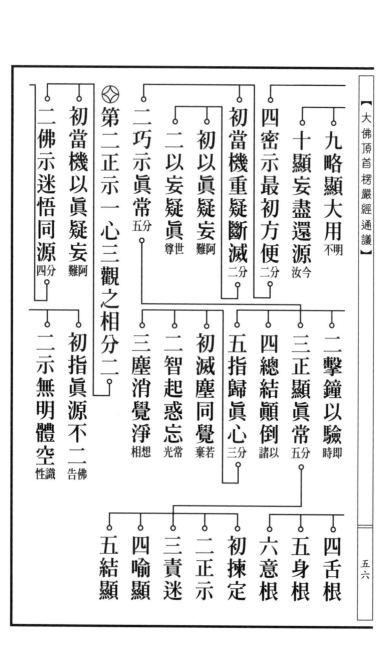

- 初本尊安慰 爾時
- 二諸佛證成 分二
  - 初光證道同 即時
  - 二言顯一眞 於是
- 初長行分六
  - 三明根塵妄發 由塵
  - 四明妄元無體 相見
  - 五示迷悟同源 是故
  - 六指歸眞際 云何
- 二偈頌正示觀相 分六
  - 初依一心立三觀之相 眞性
  - 二即一心爲所觀之境 言妄
  - 三依圓根爲入理之門 解結
  - 四指生相無明爲所斷之惑 陀那
  - 五頓證一心顯三觀之用 自心
  - 六諸佛同證結三觀之名 是名
- 三當機重請 阿難
- 四世尊宣示 分二

◎第三略示解結之方 分三
- 初經家敘致 於是

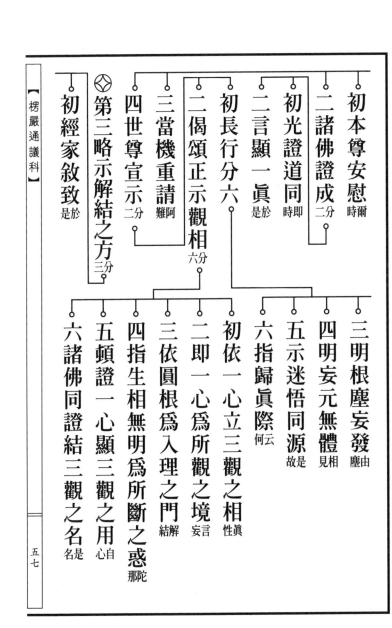

二當機啓請分二
　初問六解一亡（心猶）
　二問舒結倫次（結倫）
三世尊巧示分二
　初答六解一亡（分三）
　　初示根結所由（分五）
　　　初借顯迷妄一心而成五陰（即時）
　　　二借顯妄結五陰而成六根（於大）
　　　三借顯一六義生（我初）
　　　四借顯六根同異（此寶）
　　　五結合六根同異（如是）
　　二示六解一亡（分二）
　　　初借顯六解一亡（佛告）
　　　二法合眞妄不立（佛言）
　　三示解結之方（分五）
　　　初借顯二邊無力（言此）
　　　二借顯中道收功（白佛）
　　　　初借顯生因識有（阿吾）
　　　　二借顯滅從色除（今日）
　　　　三法合解結次第（分三）

- 三借令直觀中道 佛言
- 四正示成佛眞因 阿我
- 五結示由根證入 是故
- 二答舒結倫次 分四
  - 初由中道斷見思以證人空 此根
  - 二由中道斷塵沙以證法空 空性
  - 三由中道斷無明以證無生 解脫
  - 四結歸觀心 是名

◈第四廣示最初方便分四

- 初當機特請當根 阿難
- 二世尊借證密授 分二
  - 初世尊借問 爾時
    - 初六塵 分六
      - 初聲塵 憍陳
      - 二色塵 優波
      - 三香塵 香嚴
      - 四味塵 藥王
      - 五觸塵 跋陀
    - 二五根 分五
      - 一眼根 阿那
      - 二鼻根 周利
      - 三舌根 憍梵
- 三當機領悟
- 四法會獲益

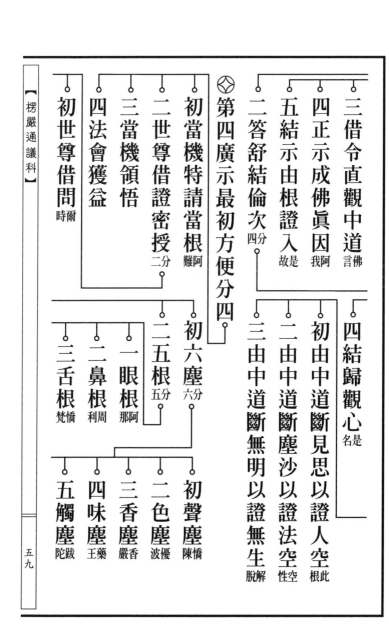

- 二諸聖證成 分三
  - 初諸聖宣示 分二
    - 初二十四聖別證 分四
      - 四身根 畢陵
      - 五意根 須菩
      - 三六識 分六
        - 六法塵 迦葉
        - 一眼識 舍利
        - 二耳識 普賢
        - 三鼻識 孫陀
        - 四舌識 富那
        - 五身識 波離
        - 六意識 目連
      - 四七大 分七
        - 一火大 烏芻
        - 二地大 持地
        - 三水木 月光
        - 四風大 瑠璃
        - 五空大 虛空
        - 六識大 彌勒
    - 二觀音耳根圓證 分三
      - 初述觀行所由 爾時
      - 二述根獲圓通 分三
        - 初此根初解先得人空 分二
          - 初亡前塵 初於
            - 初遣觀智 盡聞
            - 次遣重空 空覺
            - 初總示 世尊
  - 二主伴齊證 爾時
  - 三勅文殊揀選 於是

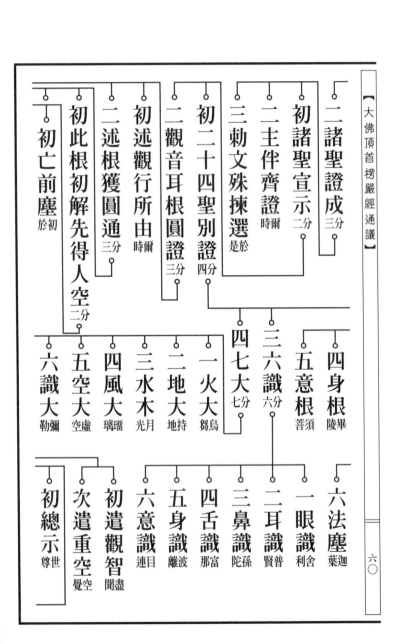

二盡內根如是
二空性圓明以證法空分二
三俱空不生頓證一心生滅
三述入流成正覺分二
初總顯頓超十地忽超
二別顯妙用無方分五
初證同體慈能三十二應世尊
二證同體悲能十四無畏我復
三妙契涅槃能四不思議分二
四結指定名佛問
五述名由實立世彼
〈第三勅文殊揀選智證分二
初如來特命於是
二文殊奉勅分二
初三業請加文殊
七見大大勢
一現衆多妙容由我
二現衆多妙形二者
三能過化存神三者
四能感而遂通四者
二別示分四
初地大
二水大

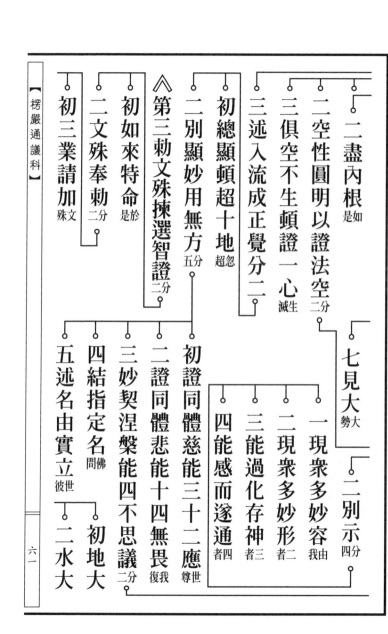

- 二正陳偈頌分十二
  - 初半偈顯一心眞源覺海
  - 二偈半顯依眞起妄元明
  - 三偈半顯返妄歸眞空生
  - 四半偈顯歸源無二歸元
  - 五一偈顯揀選所因聖性
  - 六廿四偈揀非當機分二
    - 初揀三科分三
      - 初六塵
      - 二五根
      - 三六識
    - 次揀七大分七
      - 三火大
      - 四風大
      - 五空大
      - 六識大
      - 七見大
  - 七十二偈半的指圓通要妙分二
    - 初十偈半指法顯勝分二
      - 初偈半指法我今
      - 次九偈顯勝分二
        - 初十句讚能修人勝離言
    - 次二偈顯迷悟因依今此
  - 八十七句結法勸修分三
    - 初五句結指定門汝聽

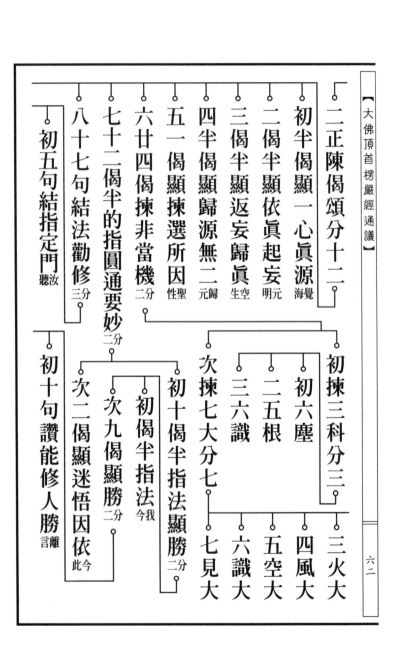

- 二四句責多聞無益 汝聞
- 三八句勸眞修有功 分四
  - 初正勸修 將聞
  - 二聞非妙悟 聞非
  - 三妙悟絕言 旋聞
  - 四離言頓證 一根
- 九七偈半正示觀相 分三
- 十兩偈半例結同證 此是
- 十一四偈報命請加 分二
  - 初十一句報命 誠如

- 次二十六句讚所入根勝 分二
  - 初顯獨勝餘根 分三
    - 初六句圓勝 我今
    - 二八句通勝 目非
    - 三八句常勝 音聲
  - 次結餘根不及 縱令
- 初正示三觀涉入 分三
- 二二句明觀淺深 餘塵
- 三五句示解結之方 大衆
  - 初四句從假入空 見聞

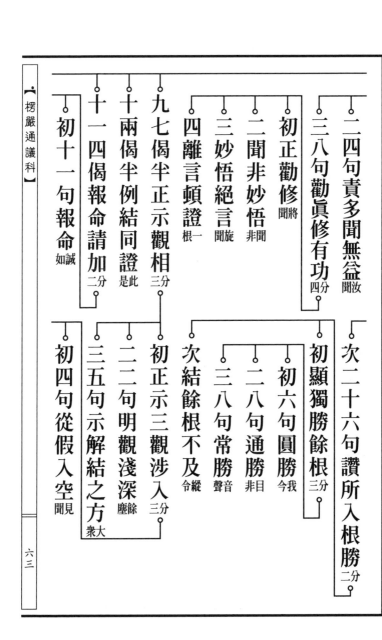

次五句請加 頂禮

十二五句的受當機 堪以

二六句從空入假 淨極

三十三句從空假入中 分二

△三當機領悟 於是

初喻明 如世

二法合 六根

△四法會獲益 普會

從請入華屋至此通明自利妙圓理行竟

自四卷中尚留觀聽後阿難起至六卷中三菩提

心止共計一萬二千六百餘言

◇二示利他妙圓事行分二

初當機陳請 分三

初自利功圓 整衣

二陳利他願廣 常聞

初爲邪道亂眞 世尊

二爲摧邪顯正 分二

初問攝心軌則 欲攝

二世尊許說 分二

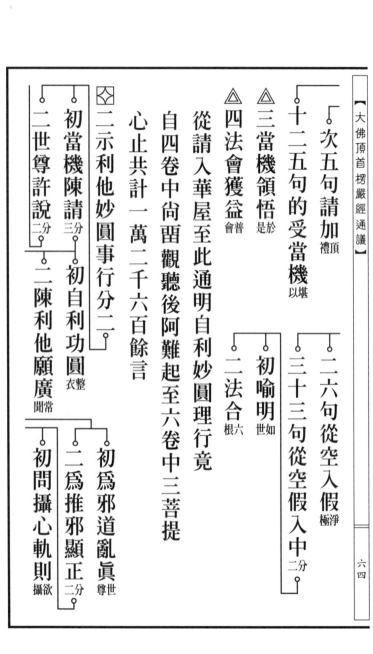

初讚許誡聽 爾時
次許說分際 二分
初答攝心軌則 二分
初略出戒體 阿難
二正示修相 五分
三刻期修證 如是
四感應冥符 我自
初令持四根本戒制斷發業無明 四分
二令持祕密神呪重斷俱生習氣 二分
三令依清淨戒師深防邪誤 若有
一不婬戒
二不殺戒
三不偷戒
四不妄語戒
各六
初總示三無漏學爲修行之本 佛告
二別示三聚戒爲成佛之基分四
初通顯能持利益 若諸
二顯不持過誤 汝修
三令依教當持 汝教
四顯持犯得失 是故
五以必斷爲眞 必使
六以實相印定 如我
三陳利他所爲 二分
二問安立道場 云何
一塗地法式 佛告

- 四令擇阿蘭若處止絕外緣 戒成
- 五請佛冥加冀觀行易就 求於
  - 初明現行易制 汝問
  - 二明宿習難除 三分
    - 初教誦呪 若有
    - 二顯呪妙 斯是
    - 三顯呪力 且汝
  - 二問安立道場 二分
    - 初當機重請道場軌則 阿難
    - 二世尊詳示修治法式 二分
      - 初詳答 十分
        - 二立壇法式 方圓
        - 三供養法式 每以
        - 四設像法式 令其
        - 五觀行法式 又取
        - 六行道法式 三分
          - 初七禮拜稱名 於初
        - 七感應法式 至第
        - 八結顯功效 即於
        - 九使離過絕非 若此
        - 十刻期取證 從三
      - 二結示 汝問

從前問攝心軌則安立道場

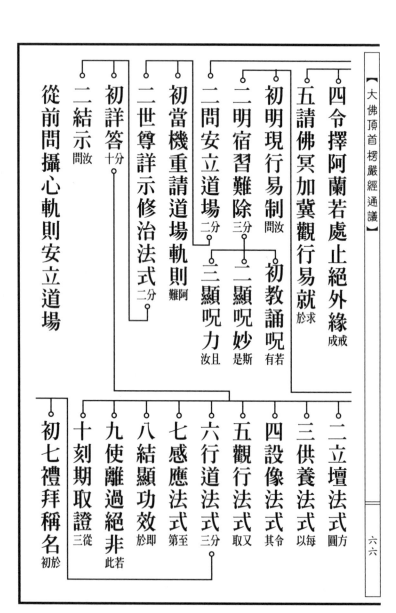

以來至此通示妙淨事行竟

- 二七專心發願 第二
- 三七一向持呪 第三

◇三示俱利妙嚴密行分三

- 初當機三業顯請 頂禮
- 二如來光相密酬 分三
  - 初現瑞 爾時
  - 二衆仰 大衆
  - 三說呪 南無
- 三廣顯密行利益 分二
  - 初正行成益 分二
    - 初如來密因 分二
      - 一能出生諸佛 阿難
      - 二能爲密因 十方
    - 二菩薩萬行 分二
      - 一能遠魔事 若我
      - 二能遠毒害 若諸
      - 三能令惡神守獲 一切
      - 四能知宿命 當知
      - 五能離惡道 從第

- 初能成萬行 二分
  - 初自利行 十分
    - 六能生善處 善是
    - 七能成善行 諸此
    - 八能離染行 善是
    - 九能滅衆業 造若
    - 十能消積障 有若
  - 次利他行 二分
    - 一能隨所願 次復
    - 二能滅災難 諸若
- 二結成眞行 故是
- 次保護成益 二分
  - 初諸神守護 是說
  - 二菩薩守護 時爾

已上從請入華屋以來至此詳陳衆行以示三觀之相竟

△第三顯三觀之用 二分
- 初直指一心 言佛
- 二眞妄因依 妄因
- 三即妄明眞 汝阿

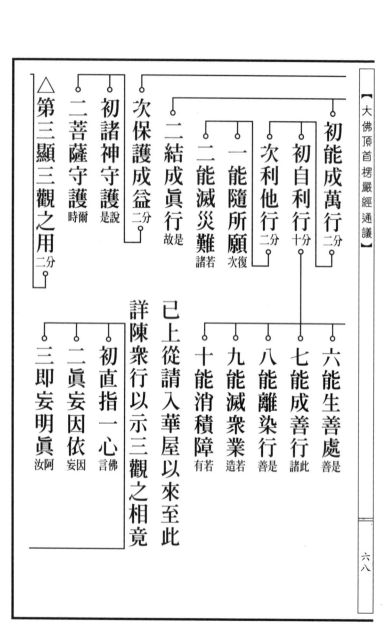

- 初當機特請修證階差（即從）
- 次世尊特示迷悟因果（分二）
  - 初讚許（爾時）
  - 次正說（分二）
    - 初總立一眞法界如來藏性爲生死涅槃因分三
      - 初約無明熏眞如染法爲十二類生因分二
        - 初總明衆生世界之本（阿云）
        - 二別明二種顛倒之因（分四）
          - 初衆生顛倒（迷本）
          - 二世界顛倒（阿云）
          - 三示熏變之相（是故）
          - 初示行（分十二）
            - 一卵生
            - 二胎生
            - 五有色
            - 六無色
            - 七有想
            - 八無想
            - 九非有想
      - 二委示一心由染淨熏成迷悟因果差別之相（分三）

- 四示輪迴之狀 二分
  - 初總列十二類生之名 乘此
  - 次別示十二類生之果 二分
    - 三溼生
    - 四化生
    - 十非無想
    - 十一非非有想
    - 十二非非無想
  - 次結名 是名
- 二約眞如熏無明成淨用爲五十五因 三分
  - 初明染淨同源 如是
  - 二明眞依妄立 二分
    - 初正明 汝今
    - 二喻明 如淨
  - 三正明因行階差 二分
    - 初總明依三漸次頓悟一心爲返妄歸眞之本 二分
      - 初徵標 名爲
      - 次釋分三
        - 初除助因 云何
        - 二刳正性 云何
        - 三違現業 云何

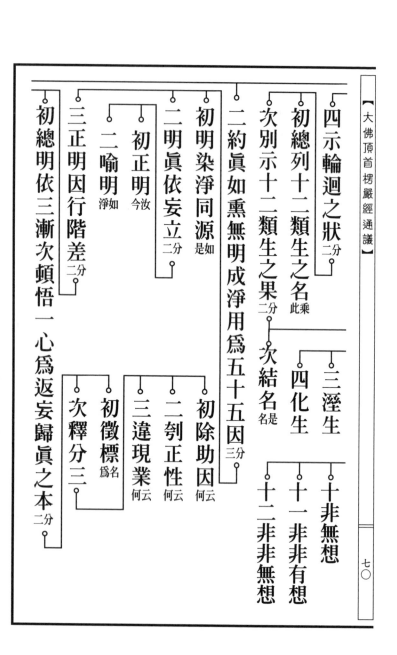

次別明圓依一心三觀之相漸斷無明爲轉凡成聖之因(分三)

初世間差別因(分三)

初乾慧地(阿難)

二十信(即以)

三十住(是善)

二出世間平等因(分二)

初由中道妙觀攝假入眞證空如來藏(分三)

二由中道妙觀帶眞涉假證不空如來藏(十行)

三由中道妙觀空假互入證空不空如來藏(十向)

三結果滿(如來)

初遣差別因相四加行(分四)

初煖地(是善)

二頂地(又以)

三忍地(心佛)

次正入平等因相十地(分二)

初有功用行(分二)

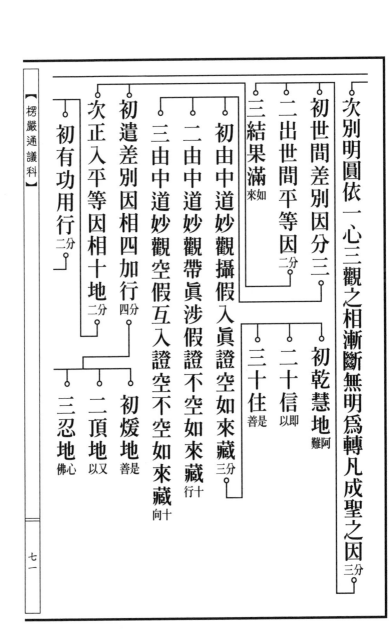

初列位次 阿是

四世第一地 數量

次結因圓 是諸

次無功用行 慈陰

三結指觀行圓證一心泯同果海成無上妙覺之果分二

初正結 阿從

次勸修 作是

上通顯三觀之用竟

△四總結三觀之名 分二

初文殊請問經名 爾時

二世尊具答五目 佛告

從前初卷啓請至此總科大開修證之門竟

⊠後從精研七趣起總科曲示迷悟差別分二

初精研七趣示迷中差別之相 分三

次詳辯陰魔示悟中差別之相

- 初經家敘益說是
- 二當機啓請分三
  - 初陳自益即從
  - 二正陳所疑分六
    - 初疑眞本無妄六道從阿而有世若
    - 二疑六道爲是本有爲從妄習生世此
    - 三疑妄性無體妄業如何受報世若
    - 四疑衆生既是無生如何生陷地獄瑠璃
    - 五疑世界既無所住地獄可有定處此諸
    - 六疑妄業是同受報何以各別爲復
  - 三結請意惟垂
- 三世尊曲示分二
  - 初讚許佛告
  - 次開示分五
    - 初通示七趣根本分三
      - 初約妄見妄習立內外分爲三界之因阿一
        - 初內分純染阿內
        - 次外分兼淨阿外
      - 二約內外情想爲染淨生死之因分二
        - 初天道純情
        - 二天神仙道情少

- 三約情想多寡示七趣升沈之相分三
  - 初總明生死交際之相 阿一
  - 二約情想多寡細示升沈之相分二
    - 初列示其相分六
      - 三人道 情想
      - 四畜道 情多
      - 五鬼道 七情
      - 六地獄道 九情
    - 二略示報地 循告
  - 三廣示七趣輪迴因果之相分二
    - 初徵釋十習因相分十
      - 初婬習
      - 二貪習
      - 三慢習
      - 四瞋習
      - 五詐習
      - 六誑習
    - 次釋六交報相分二
      - 初標六報總相 云何
      - 次釋六報別相分六
- 初各示其相分七
- 次總結虛妄 阿如
- 初示地獄道因果之相分五
  - 初總標十因六報 阿難

二別示其相 分二
初見報
二聞報
三齅報
四味報
五觸報
六思報 各二
初當根招報 分三
初現報 一者
二生報 亡者
三後報 發明
七怨習
八見習
九枉習
十訟習 各四
初因能感果
二舉果驗因
三諸佛所呵
四行人當避
初貪習 若於
二婬習 貪色
三結示所由 阿是
四校量輕重 分三
初六根同造 若諸
初三業兼造 身口
二三業不兼 三業
三六根獨造 見見
二六根各造 六根
三三業分造 分三
五結答略問 由是

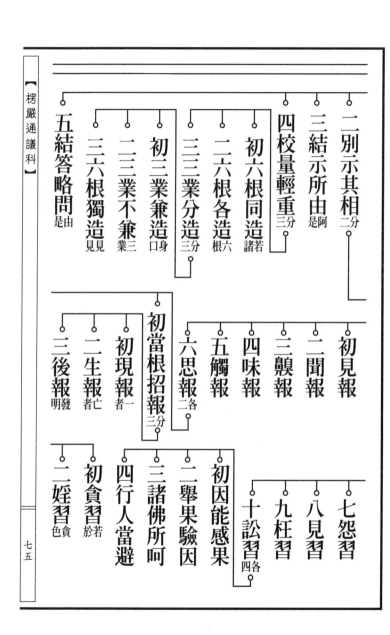

二示鬼道因果之相 分三

初標示因果總相 復次

二別示因果別相 分十

三結示因由分二

初結升墜因由 阿是

二結答有無所以 此等

三示畜生道因果之相 分三

初標示因果總相 復次

二列示因果別相 分十

三結示因由分三

二六根交報 如是

初貪習 物怪

二婬習 風魃

三詐習 畜魅

四怨習 蟲蠱

五瞋習 衰厲

六慢習 受氣

七誑習 緜幽

八見習 和精

九枉習 明靈

三詐習 貪惑

四怨習 貪恨

五瞋習 貪憶

六慢習 貪傲

七誑習 貪罔

八見習 貪明

九枉習 貪成

十訟習 貪黨

初示因果酬償 復次

二示輪迴不已 阿當

初結示輪迴因由 阿是
二結答有無所以 此等
三牒示問意 如汝
四示人道因果之相 分三
初標示因果總相 分二
二列示因果別相 分十
初貪習 汝今
二婬習 彼答
三詐習 彼狐
四怨習 彼毒
五瞋習 彼蜩
六慢習 彼食
七誑習 彼服
八見習 彼應
九枉習 彼休
十訟習 彼諸
三結示輪迴之相 阿是
十訟習 依人
五示仙道因果之相 分三
初標示因果總相 阿復
二列示因果別相 分十
初地行仙 阿彼
二飛行仙 堅草
三游行仙 堅金
四空行仙 堅動
五天行仙 堅津
六通行仙 堅精
三結示輪迴之相 分二
初揀不解眞修 阿是
次示輪迴根本 斯亦

- 六示天道因果之相 分二
  - 初通示三界因果之相 分三
    - 初欲界六天 分二
      - 初列示器界因果之相 分六
        - 初四天王 阿諸
        - 二忉利天 於已
        - 三夜摩天 逢欲
        - 四兜率天 一切
        - 五化樂天 我無
        - 六他化天 無世
      - 二總結當界得名 阿如
    - 二色界四禪天 分二
      - 初列示當界因果之相 分四
        - 初初禪三天 分二
          - 初列示其相 分三
            - 初梵衆天 阿世
            - 二梵輔天 欲習
            - 三大梵天 身心
          - 二結示當天得名 阿此
        - 二二禪三天 分二
          - 初少光天 阿其
      - 次結示當界得名 阿是
    - 三無色界四天 分二
      - 初總示當界聖凡因果之相 分二
      - 二別結當界得名 阿此
  - 次總結三界之因 此皆
- 七道行仙 堅呪
- 八照行仙 堅思
- 九精行仙 堅交
- 十絕行仙 堅變

初列示分二
初寄顯界外因果 復次
二正示界內因果 分四
初空處 若在
二識處 諸礙
三無所有處 空色
四非非想處 識性
次結屬分四
初結屬界外聖人 此等
二結屬界內外道 若復

初列示其相 分三
二無量光天 光光
三光音天 吸持
次結示當天得名 此三
三三禪三天 分二
初列示其相 分三
初少淨天 阿如
二無量淨天 淨空
三徧淨天 世界
二結示當天得名 阿此
四四禪九天 分二
初列示當界因果之相 分二
初凡夫天 分三
一福生天 阿復
二福愛天 捨心
三廣果天 阿難
次總結當界得名 阿是
初當凡夫四天 分二
初列相 分二
次無想外道一天 若此

三結屬實報凡夫 阿是

次結名 阿此

四結屬寄位菩薩 彼之

次凡聖同居五天 分三

初無煩天 阿若

二無熱天 機括

三善見天 十方

四善現天 精見

五色究竟天 究竟

七示脩羅道因果之相 分二

初總標因果總相 阿此

二列示因果別相 分五

三結歎勝能 阿此

初標名 復次

次辯相 分四

初卵生鬼趣攝 若於

二胎生人趣攝 若於

三化生天趣攝 有阿

四溼生畜趣攝 阿別

初迷時妄有 阿此

二悟後元空 若得

二結示迷悟因依 分二

三結答問意 阿不

四誡勖眞修 汝勖

五結指正說 作是

已上曲示迷中

差別之相竟

△二詳辯陰魔曲示悟中差別分二

- 初示五陰魔事 分十二
  - 初世尊無問自說 即時
  - 二略示魔事因緣 汝等
  - 三示迷悟之本 佛告
  - 四示動魔之由 汝等
  - 五示悟則勝邪 然彼
  - 六示迷則邪勝 若不
  - 七正陳魔事 分五
    - 初色陰
    - 二受陰
    - 三想陰
    - 四行陰
    - 五識陰
      - 各三
        - 初當陰未破
        - 二示定境差別 各有十段
        - 三誡勸深防
  - 八勑令弘宣 汝等
  - 九諸佛同證 如是
  - 十陰盡功圓 識陰
  - 十一先佛授受 此是
  - 十二重示密修 若諸
- 二示五陰妄想 分二
  - 初當機請問 阿難
  - 二世尊委示 分五
    - 初總示妄元 佛告
    - 二別示五陰本因 分二
      - 初色陰 汝體
      - 二受陰 即此
- 三流通分四
  - 初校量功德 阿若

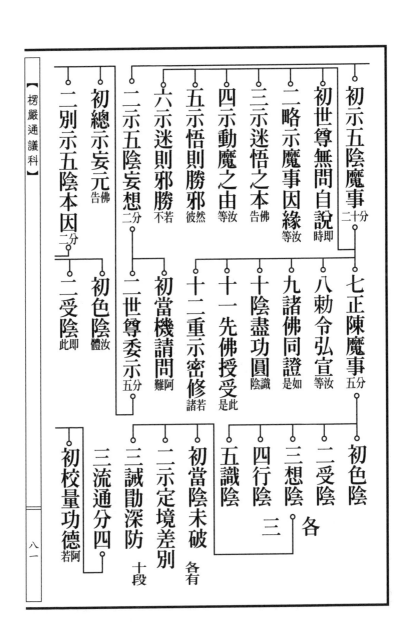

初列分五
次結阿是
三想陰由汝
四行陰化理
五識陰又汝
三示陰界邊際汝今
四示迷悟頓漸此五
五結勸修持汝應

已上通開
正宗分竟

首楞嚴經通議提綱略科

二獲福殊勝阿答
三總顯勝益佛告
四都結法會佛說

上流通分竟

首楞嚴經通議序

首楞嚴經者。諸佛如來大總持門。祕密心印。統攝一大藏教。五時三乘。聖凡眞妄。迷悟因果。攝法無遺。修證邪正之階差。輪迴顛倒之情狀。了然目前。如觀掌果。可謂澈一心之源。該萬法之致。無尙此經之廣大悉備者。如來以一大事因緣出現世間。捨此別無開導矣。故判教者局於一時一教。豈非管窺蠡測哉。自入中土。解者凡十餘家。如會解之外。近世緇白各出手眼。而弘通者非一。崇尙已極。刻意已深。而披文釋義。靡不參詳精確。發無餘蘊。又何俟其蛇足哉。但歷覽諸說。有所未愜者。獨理觀未見會通。故言句雖明。而大旨未暢。是於學者未免摸象之歎。余昔居五臺。冰雪中參究向上。以此經印證。堅凝正心以照矚之。豁然有得。及至東海。枯坐三年。偶閱此經。一夕於海湛空澄雪月交光之際。恍然大悟。忽身心世界當下平沈。如空華影落。是夜秉燭述懸鏡一卷。乃依一心三觀融會一經。謂迷悟不出一心。究竟不離三觀。以提大綱。但以理觀爲主。於文則略。如華嚴法界之設。意在得義而言可忘也。說者又以文字爲障。不能融入觀心。猶以爲缺。故予久有議。蘊藉胷中。及投炎荒。雖波流瘴海。而一念不忘者。二十餘年。至萬歷甲寅。以投老南嶽。寓靈湖之萬聖蘭若。結夏時。粵門人超逸侍予最久。甘苦疾病患難。靡不同之。予感其精誠。因入室請益懸鏡。觸發先心。遂直筆成帙。較懸鏡雖多。無非廣發一心三觀之旨。而文不暇詳釋。題曰通議。蓋取春秋經世。先王之法。議而不辨之意。所謂議其條貫。而通其大綱。是於向上一路。實以爲贅。其於初機之士。可以飲海一滴。而呑百川之味也。或曰。佛不思議法。可得而議之耶。曰。不然。法本離言。而堅執邪見者。非言不破。佛說優波提舍。名爲論議。以折邪慢之幢。良以此經。摧九界之邪鋒。拆聖凡之執壘。靡不畢見於廣長舌端。種種堅壁。一鏃而破之。直使智竭情枯降心歸順而後已。以經盡發其情。苟不議明正令。無由以淨法界之妖氛。彰覺皇之大化。是可以文字目之哉。得意遺言。是在金剛正眼。

萬歷丁巳端陽日

憨山道人德清書於吳門之貝葉齋

重刻首楞嚴經通議序

大哉教乎。如來金口誠言。祖師悲心詮解。求其妙而得入。深而易悟者。無如憨山大師著釋首楞嚴經之通議也。宗趣昭然。言辭切約。不是離文顯妙。亦非滯句談玄。融性相二宗。徹一心三觀。符定宗旨。不遺纖毫。本末圓通。始終一貫。誠教苑之司南。禪宗之正眼也。閑始披緇雲山。遂獲夢遊殘本。玩其垂訓法教。莫不周質悚然。及至聽講楞嚴。嘗閱諸家疏解。方知大師亦有發明是經者。名之曰通議。於是銘心五內。未遑一觀。從斯歷十餘年。莫不念念於是書也。甲午春。雲遊台嶽。果遂前心。消熱惱於一時。鎔冰襟於頃刻。偶經觸目。喜出尋

常。繇茲不耐守株。唱緣鐫梓。實有心公諸同志。未敢言濬大師之法流也。時

光緒二十年孟冬月天台嫡裔雲水山人諦閑書於申江龍華寺之藏經閣

大佛頂如來密因修證了義諸菩薩萬行首楞嚴經通議卷第一

明南嶽沙門憨山釋德清述

懸判

議曰。從前釋經諸師。凡解當經。必先懸判十門。要令學者。知我如來應世。四十九年所說一大藏教。從始至終。而有五時五教之別。謂小始終頓圓。而有淺深次第之不同。刻指一經。定屬何時何教。此乃注釋之軌則。如賢首清涼已後。皆祖述之。莫不皆然。獨此一經。前後解者。凡十餘家。各據一見。所指之時前後不同。多起諍論。

難決眾疑。予嘗見有本別題。亦名灌頂部中錄出別行。因諦觀此經。非一時頓說。向無的據。既見長水注疏經本別題。一名中印度那蘭陀大道場經。於灌頂部中錄出別行。璿師判云。佛說此經。非一時頓說。說必前後。是知集者約類纂為一部。以此為準。的信不疑。但詳經中自名灌頂章句。則集者約類可知矣。請試言之。然灌頂部。乃我中央毗盧遮那佛所說之法也。以毗盧乃法身佛也。從法垂報。名盧舍那。坐菩提場。演大華嚴。謂之根本法輪。但被一類大根眾生。而小根之人如盲如聾。故舍那世尊。入剎那際三昧。雙垂兩相。現應化身。示生三界。名釋迦牟尼。始從兜率。降王宮。入胎出胎。以至出家苦行。八相成道。始於鹿苑說法。歷方等般若法華等。四十九年。入大涅槃。始終不出剎那際三昧。所說一大藏教。名為攝末歸本法輪。亦名引攝教。為引五性三乘。攝歸一乘寂滅場地。即指華嚴為妙莊嚴海。為所歸之地。猶如窮子之家。而三觀妙門。乃歸家之路。所謂一路涅槃門也。今觀此經發起。示墮婬室。此正阿含之時也。其徵心以破執身常見。匿王以破斷見。乃阿含之教也。其辯妄見以顯真見。破見精以顯本覺義。與深密同時也。五蘊三科。會歸藏性。則同般若真空。法華實相。又歷兩時之間也。七大徧周。性真圓融。實與華嚴理事無礙法界相等也。及至四卷中云。一為無量。無量為一。小中現大。大中現小。於一毛端現寶王剎。坐微塵裏轉大法輪。此乃略顯華嚴事事無礙法界。正是所歸妙莊嚴海。是謂究竟歸宿之地也。三身一體。至是乃顯。釋迦出世之本懷。教化眾生。必欲引攝至此而後已。是知此經無教不收。無機不攝。豈可局定一時哉。蓋釋迦世尊所秉盧舍那佛一實相印。是謂微密一心。而空假中三觀法門。乃為破惑之利具。世尊出世。即欲眾生證此一心。奈何眾生煩惱垢重。不敢頓示此心。姑於阿含會上。且說人天十善。免墮三途。及說無常苦空無我。苦集滅道四諦。及十二因緣之法。令諸眾生權出三界。免離生死。所證涅槃。謂之偏空。執空而不能有。以小乘不達唯識道理。乃說解深密經以立九識。依之而起八識。變起根身器界。要了妄相皆從唯識所變。其相本空。次說般若以顯真空幻有。以破小乘偏空之執。此去阿含四十年矣。及至法華純談實相。直示一心以顯中道。涅槃乃明平等佛性。三乘同歸。五性齊入。凡有心者皆得成佛。方盡世尊出世本懷。然涅槃尚未顯有圓融之旨。今以此經所詮理趣通途。按定一代時教。攝法無遺。況始從阿含。終至涅槃。尚係化佛所說之法。而圓融道理。乃屬華嚴。為報佛所說。由是觀之。豈可局定一時哉。若就法界海慧照之。則釋迦說法四十九年。始終不出剎那際三昧。此乃劫念齊收。無時之時。實無先後。若就應化門頭。機有生熟。從淺至深。不無次第。以一心法門。佛佛同證。三觀乃悟心之要。以歷五時隨機不同。故散出一代時教。各對當機。三根普收。行布亦異。故結集者慮恐末世修行之士。智識狹劣。而教海汪洋。難究指歸。故推報化二佛所說。從本垂末。攝末歸本。二種法輪。總於一代教中拈出一心。特顯衆生從悟至迷。以極七趣昇沈之情狀。會歸三觀。按破二執。以顯從迷至悟所證淺深五十五位之階差。通會長途。始終一貫。攝歸一心。從凡至聖。直入果海。不涉枝岐。使修行之士一覽無餘。如懸鏡智於目前。了歸家之道路。所謂一路涅槃門。豈可局定一時哉。苟不以理融通。印契佛心。即刻定一時。於法奚益。故弘通者貴在得本。而不貴乎泥迹也。

大佛頂如來密因修證了義諸菩薩萬行首楞嚴經

議曰。此經題目。經中世尊自說有五種名。今此一題。存隱可知。然此題雖一十九字。而獨重在首楞嚴三字而已。其上一十六字。皆約義也。釋首楞嚴。此云一切事究竟堅固。大定之總名也。乃一心之異稱。有法有義。且此定體。總之而為一心。別之而為三觀。然此三觀皆依一心而立。起信論云。心真如者。即是一法界大總相法門體。所謂如來藏清淨真心也。依此心體有三種名。一空如來藏。二不空如來藏。三空不空如來藏。謂此心體本來清淨。一法不立。是故名空。具有恆沙稱性功德。故名不空。三空不空者。即此二體。但是一心。寂照同時。寂故名空。照故不空。存泯無礙。名空不空。依此義故。建立三觀。由此三觀。還證一心。故云大定之總名也。是謂之法。上十六字乃其義者。謂此一心具有體相用三大義故。一者體大。二者相大。三者用大。題稱大佛頂等。乃示三大義也。所言大者。謂此心體廣博包含。極法界量。大而無外。體絕名言。強名大也。佛頂者。乃約喻以明相大也。謂佛乃至極之聖。頂乃最尊無上之頂。佛相好中。名為無見頂相。故曰。初生親捧持。諦觀不見頂。以此至極無相之頂。以喻廣大無外之心。無相而不可以見見。故為相大也。如來密因等者。以明用大。謂一切諸佛。乘此一心以躋極果。究竟無餘。故云了義。一切菩薩乘此一心到如來地。故云萬行。以此一心具上三義。故為大定之總名。向下阿難約義而請三觀。佛答直指一心。是知全經所演修證因果。總之不出三觀。究竟不離一心。若以此心而照萬法。則法法全真。故云一切事究竟堅固。若了一題。則全經之旨思過半矣。

一名中印度那蘭陀大道場經於灌頂部錄出別行

議曰。此別目也。印度。具云印特伽。此云月邦。印度有五。此當其一。西域之大國也。那蘭陀。此云施無厭。即龍名也。西域記云。菴沒羅國有池。池中有龍。名施無厭。寺近彼池。故以為名。大道場者。西域諸寺獨此最大。五天竺國王同共崇奉。集性相二宗大德沙門居之。佛法多積於此。昔玄奘初至西域。先至此寺。從戒賢論師習唯識宗。即其處也。灌頂部者。華藏界中有五方佛。所說之法各有一部。中央毗盧遮那佛為主。所說之法名灌頂部。顯此經通為報佛所說。故以此名。既標那蘭陀大道場經。則集者可知。按長水疏存此題。亦云此經非一時說。

中天竺沙門般剌密諦於廣州制止道場譯

議曰。此譯人名也。天竺。亦名乾竺。亦名身毒。亦名印度。西域國名。梵音楚夏耳。般剌密諦。此云極量。譯師名也。此經西域國王最所寶重。嚴禁不許出境。般剌三藏欲傳震旦。屢竊而來。皆被獲回。必不能得。後以微妙細氎書之。乃破臂藏於皮中。遂航海而達廣州。唐神龍元年乙丑五月二十三日。適遇宰相房融知南銓在廣。安三藏於制止寺翻譯。而筆授之。此經來之難也。既而翻譯纔畢。以三藏潛來。彼國邊境被責。三藏為解此難遂回。及房公入奏。又遇中宗初嗣。國方多事。未暇宣布。時神秀禪師入內道場。見而抄寫。遂流北地。大通在內。親遇奏經。又寫歸荊州度門寺。有魏北館陶沙門慧振。常慕此經。於度門寺得之。後慤師於故相房融家。得其譯本。因而遂傳。此經流通之難也。昔天台智者大師作止觀成。遇一梵師。以止觀示之。梵師曰。此與西域首楞嚴經三觀大旨相同。大師日夜西望拜求。願見而未及見。是見此經之難也。今幸古今解者十餘家。義疏闡幽。發明殆盡。方今緇白入此法門者不少。而學者槩視為等閒。豈知佛法之難遇哉。

烏萇國沙門彌伽釋迦譯語

議曰。烏萇。此云苑。國名也。彌伽釋迦。此云能降伏。翻梵為華。故云譯語。

菩薩戒弟子前正議大夫同中書門下平章事清河房融筆授

議曰。菩薩戒弟子者。乃宰官而受菩薩大乘戒者也。戒經云。欲受國王位時。乃至百官受位時。應先受菩薩戒。一切鬼神救護王身百官之身也。

此經十卷準常有三分

○謂一序分。序說法之因由故。

○二正宗分。正示一經之宗體故。

○三流通分。冀流傳於終古故。

入經先列序分

⊠初通序

如是我聞。一時佛在室羅筏城。祇桓精舍。與大比丘衆。千二百五十人俱。皆是無漏大阿羅漢。佛子住持。善超諸有。能於國土。成就威儀。從佛轉輪。妙堪遺囑。嚴淨毗尼。弘範三界。應身無量。度脫衆生。拔濟未來。越諸塵累。其名曰。大智舍利弗。(此云鶖子)摩訶目犍連。(此云采菽氏)摩訶拘絺羅。(此云大膝)富樓那彌多羅尼子。(此云滿慈子)須菩提。(此云空生)優波尼沙陀(此云塵性空)等。而爲上首。復有無量辟支無學。并其初心。同來佛所。

議曰。此通序法會之由也。世尊說法之常儀。乃佛遺制。諸經通有。故為通序。所言六種成就。及歎德。列衆。弟子氏族。準常多解。此不重出。

⊠ 二別序

屬諸比丘。休夏自恣。十方菩薩。咨決心疑。欽奉慈嚴。將求密義。即時如來敷座宴安。爲諸會中。宣示深奧。法筵清衆。得未曾有。迦陵仙音。徧十方界。恆沙菩薩。來聚道場。文殊師利而爲上首。時波斯匿王。爲其父王諱日營齋。請佛宮掖。自迎如來。廣設珍羞無上妙味。兼復親延諸大菩薩。城中復有長者居士。同時飯僧。佇佛來應。佛勅文殊。分領菩薩及阿羅漢。應諸齋主。唯有阿難。先受別請。遠遊未還。不遑僧次。既無上座。及阿闍黎。途中獨歸。其日無供。即時阿難。執持應器。於所遊城。次第循乞。心中初求最後檀越。以爲齋主。無問淨穢。刹利尊姓。及旃陀羅。方行等慈。不擇微賤。發意圓成一切衆生無量功德。阿難已知如來世尊。訶須菩提。及大迦葉。爲阿羅漢。心不均平。欽仰如來。開闡無遮。度諸疑謗。經彼城隍。徐步郭門。嚴整威儀。肅恭齋法。爾時阿難。因乞食次。經歷婬室。遭大幻術。摩登伽女。以娑毗迦羅先梵天呪。攝入婬席。婬躬撫摩。將毀戒體。如來知彼婬術所加。齋畢旋歸。王及大臣長者居士。俱來隨佛。願聞法要。於時世尊。頂放百寶無畏光明。光中出生千葉寶蓮。有佛化身。結跏趺坐。宣說神呪。勅文殊師利。將呪往護。惡呪銷滅。提獎阿難。及摩登伽。歸來佛所。

議曰。此別序發啟此經之由致也。休夏自恣。乃佛律制。比丘當初夏時。即結制。名為護生。亦名坐臘。九旬禁足。無由見佛。夏滿之日。

同詣佛所。自有過失。恣任僧舉。佛為作法懺悔。名為羯摩。又云。於坐夏中。各為臘人隨身。若有何根犯戒。即壞其根。則不算臘。若全不犯者。乃成一臘。如世俗之一歲。故出家以臘不以年。而此經以休夏自恣為開端者。以盧舍那佛說梵網經金剛寶戒。命釋迦化佛宣布十方。是知釋迦四十九年單演戒法。意在出家修行。出生死法。以戒為基本也。問曰。此經理開藏性。行依大定。教屬頓圓。而以阿難示墮婬室淺近之事發之者何耶。答曰。此如來說法有深意也。經云佛以一大事因緣故出現於世。所謂一大事。乃一真法界如來藏清淨真心。此心乃諸佛眾生均賦而同稟者也。以眾生迷之。故如來特因此出世。開示眾生。令其悟入。故此實最大一事也。然眾生既稟此心。所以常寢生死。久溺輪迴。永劫不得出離者。皆由愛欲牽纏故也。以其生死界中。獨與真為對者。亦唯此一事為大耳。是為生死根本也。故曰賴有一矣。若使二同。普天之人無能為道者。今欲返妄歸真。必須先拔生死根本。故梵網戒經以斷殺為先。此經以斷婬為首。以此患最深。非大定不足以破之。故阿難示墮婬室以發端。及歸來見佛。先以大定為請也。而開口便言欲氣麤濁。向下世尊歷歷數其過患。至於三種相續。則曰想愛同結。愛不能離。則諸世間父母子孫相生不斷。經百千劫長在纏縛。唯婬殺盜三為根本。又曰愛鏡中頭。無故狂走。又曰稱汝多聞。何不能免摩登伽難。待神呪力。婬火頓滅。愛河乾枯。令汝解脫。又曰汝雖憶持如來秘密妙嚴。不如一日修無漏業。遠離世間憎愛二苦。又曰摩伽耶輸。同悟宿因。貪愛為苦。及安立道場。首即告曰。六道眾生。其心不婬。則不隨其生死相續。婬心不除。塵不可出。縱有禪定。必落魔道。若不斷婬修禪定者。如蒸砂作飯。百劫難成。婬身修行。縱得妙悟。皆歸婬根。根本成婬。三途難出。必使婬機身心永斷。至坐道場。則曰心滅貪婬。持佛淨戒。至於證果之初。則曰除其助因。刳其正性。違其現業。又曰當觀婬欲。猶如毒蛇。又曰永斷婬心。先則執身不行。次則執心不起。又曰心無貪婬。於外六塵不多流逸。塵既不緣。根無所偶。身心快然。是人即得無生法忍。從是漸修安立聖位。欲習初乾。則與如來法流水接等。由是觀之。

則世出世間。生與無生。盡在婬心斷與不斷耳。至若七趣由情想以取升沈。三途因婬習而招劇苦。及夫修禪之士。以性欲而壞定心。破法王而成魔屬。毒哉此欲。生死牢關。長羈三界之囹圄。永壞涅槃之安宅者。無尚此矣。苟非密嚴利器。付之勇猛丈夫。又何以拔之哉。由此欲習最極幽深。故世尊先放頂光以照之。無為化佛秘密心呪以破之。文殊大智以拔之。斯則往救之由。以示全經大定之體矣。由是觀之。因愛欲為生死之根。大定為成佛之本。意謂非大覺不足以破大夢。非大法不足以除大患。斯實真妄兩途。覿體無二者矣。故於正示觀相文中偈云。如世巧幻師。幻作諸男女。雖見諸根動。要以一機抽。息機歸寂然。諸幻成無性。又曰靜極光通達。寂照含虛空。卻來觀世間。猶如夢中事。摩登伽在夢。誰能畱汝形。諦觀全經的指。唯此一事。故知發啟之由。則見吾佛說之本意也。

○二正宗分大科分二

⊠初大開修證之門（從此起至第八卷中問結經名止）

⊠二曲示迷悟差別（從精研七趣詳辨魔陰終止）

初開修證門中通分四科

△初開三種如來藏以顯三觀之體（此從初卷起至四卷中尚畱觀聽止）

△二示三觀之相（從請入華屋起至第七卷中作如是願止）

△三顯三觀之用（從問四十四心起至第八卷中名邪觀止）

△四結三觀之名文殊問結名止

已上四科通屬大開修證之門

◉初開空如來藏示空觀之體文有三卷分為二科

⊠初約生滅門中決擇真妄以顯本覺真心經至二卷半

⊠二約不生不滅會妄歸真以顯真空藏性從會五蘊起至三卷終　初中二

◇初當機請行

阿難見佛。頂禮悲泣。恨無始來。一向多聞。未全道力。殷勤啓請。十方如來得成菩提。妙奢摩他。三摩。禪那。最初方便。於時復有恆沙菩薩。及諸十方大阿羅漢。辟支佛等。俱願樂聞。退坐默然。承受聖旨。

議曰。此阿難因誤墮而請行也。意謂妙奢摩他三摩禪那。乃十方如來得成菩提之妙門。阿難從佛以來。一向聞之熟矣。但以非己智分。故一向徒益多聞。不肯依之造修。所以未全道力。今因魔力所攝。乃知多聞無功。且自知愛習深厚。此非大法不足以斷之。必仗三觀之力。庶可消其欲漏。今將發憤造修。但不知最初下手工夫從何而入。故問最初方便。向後佛示妙行。借二十五聖發揮。意顯門門皆可還源。處處盡成解脫。但初心入處。只觀解結當心。便是下手之處。不必別指何者為最初方便。即觀音耳根。正應此方之機耳。

◎二世尊曲示分四

△初正破五蘊八識以明人空

△二例破二種世界以明法空

△三顯本覺離緣以示真如出纏

△四拂迹入玄以顯真如絕待

初明人空分四

◎先徵心破色受二蘊明前五識無體分六

△初審發心

佛告阿難。汝我同氣。情均天倫。當初發心。於我法中。見何勝相。頓捨世間深重恩愛。阿難白佛。我見如來三十二相。勝妙殊絕。形體映徹。猶如瑠璃。常自思惟。此相非是欲愛所生。何以故。欲氣麤濁。腥臊交遘。膿血離亂。不能發生勝淨妙明紫金光聚。是以渴仰。從佛剃落。

⋀ 二斥妄本

佛言。善哉阿難。汝等當知一切衆生。從無始來。生死相續。皆由不知常住眞心。性淨明體。用諸妄想。此想不眞。故有輪轉。汝今欲研無上菩提。眞發明性。應當直心詶我所問。十方如來同一道故。出離生死。皆以直心。心言直故。如是乃至終始地位。中間永無諸委曲相。

⋀ 三詰妄元

阿難。我今問汝。當汝發心。緣於如來三十二相。將何所見。誰爲愛樂。阿難白佛言。世尊。如是愛樂。用我心目。由目觀見如來勝相。心生愛樂。故我發心。願捨生死。

◇四審妄處

佛告阿難。如汝所說。眞所愛樂。因於心目。若不識知心目所在。則不能得降伏塵勞。譬如國王。爲賊所侵。發兵討除。是兵要當知賊所在。使汝流轉。心目爲咎。吾今問汝。唯心與目。今何所在。

議曰。阿難見佛。首以三觀為請。佛即不答。且先詰問發心出家捨愛之由。此似神醫治病。先審病根所在。而後方施藥石也。阿難答以由見如來三十二相勝妙殊絕。心生渴仰愛樂。從佛剃落。即此一語。便見病根。何耶。以見色相而生愛慕者。正是妄想之心也。故曰若以色見我。以音聲求我。是人行邪道。不能見如來。此阿難見佛。但愛色相。而未見法身。用妄想心。以愛捨愛。豈真出家耶。此其愛習種子。潛發現行。既愛如來。安得不愛摩登耶。此乃因地發心不真。果招紆曲。所以今日遭此婬室之難耳。且此妄想之心。不獨阿難。即一切眾生無始以來。生死相續。皆由不知常住真心性淨明體。用諸妄想。此想不真。故有輪轉。阿難以此生死之心從佛。安得而不墮耶。汝今欲研無上菩提。以求真發明性。殆非妄想可入。應當直心訓我所問。維摩經云直心是道場。起信論云。信成就發心。略有三種。一者直心。正念真如法故。二者深心。樂集一切善行故。三者大悲心。欲拔一切眾生苦故。今如來先教阿難直心詶問。以心直則不欺。不欺則可詣真矣。因而再審阿難。當初發心。緣見如來三十二相。將何所見。誰為愛樂。此似神醫按定病根。可施必瘳之藥耳。阿難直心以答。乃曰由目觀見。心生愛樂。此正出病原。故如來告曰。若果愛樂因於心目。此正生死之本也。故曰使汝流轉。心目為咎。如國被賊侵。發兵討除。必須知賊所在。今汝六為賊媒。自劫家寶者。皆依心目為主使也。所謂擒賊擒王。今知心目為法身之害。必須知其所依之處。乃可掃除蕩滅以絕害源。故曰唯心與目。今何所在。在。即處也。故經即言無有是處。問。破妄明文。世尊但標指心目。而科云所破五蘊八識者何也。答。成佛之要。乃一心三觀。所破之妄。唯五蘊八識。一大藏中。諸大乘教。顯此而已。以衆生所迷。但執妄心居在身內。然身即有執受身。乃五識所依之根。實六賊所依之處。為色受二蘊。心即妄想。為六識想蘊。見乃八識之見分。即七識行蘊。此指八識見精為根。為識蘊。故心目二妄。該盡五蘊八識。經文昭然。但義旨幽潛。一向解者發明未透。學者鹵莽未易入耳。起信論宗百部大乘。乃立真如生滅二門。且從生滅門入真如門。論云。推求五陰色之與心。六塵境界。畢竟無念。以心無形相。十方求之。終不可得。此大教之綱宗也。苟不知所宗。但見文字纏繞。義無歸宿矣。以此印定經文。理自昭著。

阿難白佛言。世尊。一切世間十種異生。同將識心居在身內。

縱觀如來青蓮華眼。亦在佛面。我今觀此浮根四塵。祇在我面。如是識心實居身內。佛告阿難。汝今現坐如來講堂。觀祇陀林。今何所在。世尊。此大重閣清淨講堂。在給孤園。今祇陀林實在堂外。阿難。汝今堂中。先何所見。世尊。我在堂中。先見如來。次觀大衆。如是外望。方矚林園。阿難。汝矚林園。因何有見。世尊。此大講堂。戶牖開豁。故我在堂。得遠瞻見。

⟪ 五正示定體

爾時世尊在大衆中。舒金色臂摩阿難頂。告示阿難及諸大衆。有三摩提。名大佛頂首楞嚴王。具足萬行。十方如來。一門超出妙莊嚴路。汝今諦聽。阿難頂禮。伏受慈旨。

〈六正破妄處無體

佛告阿難。如汝所言。身在講堂。戶牖開豁。遠矚林園。亦有衆生。在此堂中。不見如來。見堂外者。阿難答言。世尊。在堂不見如來。能見林泉。無有是處。阿難。汝亦如是。汝之心靈。一切明了。若汝現前所明了心。實在身內。爾時先合了知內身。頗有衆生。先見身中。後觀外物。縱不能見心肝脾胃。爪生髮長。筋轉脈搖。誠合明了。如何不知。必不內知。云何知外。是故應知。汝言覺了能知之心。住在身內。無有是處。阿難稽首而白佛言。我聞如來如是法音。悟知我心。實居身外。所以者何。譬如燈光然於室中。是燈必能先照室內。從其室門。後及庭際。

一切衆生不見身中。獨見身外。亦如燈光。居在室外。不能照室。是義必明。將無所惑。同佛了義。得無妄耶。佛告阿難。是諸比丘。適來從我室羅筏城。循乞摶食。歸祇陀林。我已宿齋。汝觀比丘。一人食時。諸人飽不。阿難答言。不也。世尊。何以故。是諸比丘。雖阿羅漢。軀命不同。云何一人。能令衆飽。佛告阿難。若汝覺了知見之心。實在身外。身心相外。自不相干。則心所知。身不能覺。覺在身際。心不能知。我今示汝兜羅緜手。汝眼見時。心分別不。阿難答言。如是。世尊。佛告阿難。若相知者。云何在外。是故應知。汝言覺了能知之心。住在身外。無有是處。

阿難白佛言。世尊。如佛所言。不見內故。不居身內。身心相知。

不相離故。不在身外。我今思惟。知在一處。佛言。處今何在。阿難言。此了知心。既不知內。而能見外。如我思忖。潛伏根裏。猶如有人。取瑠璃椀。合其兩眼。雖有物合。而不畱礙。彼根隨見。隨即分別。然我覺了能知之心。不見內者。爲在根故。分明矚外。無障礙者。潛根內故。佛告阿難。如汝所言。潛根內者。猶如瑠璃。彼人當以瑠璃籠眼。當見山河。見瑠璃不。如是。世尊。是人當以瑠璃籠眼。實見瑠璃。佛告阿難。汝心若同瑠璃合者。當見山河。何不見眼。若見眼者。眼即同境。不得成隨。若不能見。云何說言此了知心。潛在根內。如瑠璃合。是故應知。汝言覺了能知之心。潛伏根裏。如瑠璃合。無有是處。阿難白佛言。

世尊。我今又作如是思惟。是衆生身。腑藏在中。竅穴居外。有藏則暗。有竅則明。今我對佛。開眼見明。名爲見外。閉眼見暗。名爲見內。是義云何。佛告阿難。汝當閉眼見暗之時。此暗境界。爲與眼對。爲不對眼。若與眼對。暗在眼前。云何成內。若成內者。居暗室中。無日月燈。此室暗中。皆汝焦腑。若不對者。云何成見。若離外見。內對所成。合眼見暗。名爲身中。開眼見明。何不見面。若不見面。內對不成。見面若成。此了知心。及與眼根。乃在虛空。何成在內。若在虛空。自非汝體。即應如來今見汝面。亦是汝身。汝眼已知。身合非覺。必汝執言身眼兩覺。應有二知。即汝一身。應成兩佛。是故應知。汝言見暗名見內者。無有是處。阿難言。我常聞佛開示四衆。由心生故。種種法生。由法生故。種種心生。我今思惟。即思惟體。實我心性。隨所合處。心則隨有。亦非內外中間三處。佛告阿難。汝今說言。由法生故。種種心生。隨所合處。心隨有者。是心無體。則無所合。若無有體而能合者。則十九界。因七塵合。是義不然。若有體者。如汝以手自挃其體。汝所知心。爲復內出。爲從外入。若復內出。還見身中。若從外來。先合見面。阿難言。見是其眼。心知非眼。爲見非義。佛言。若眼能見。汝在室中。門能見不。則諸已死。尚有眼存。應皆見物。若見物者。云何名死。阿難。又汝覺了能知之心。若必有體。爲復一體。爲有多體。今在汝身。爲復徧體。爲不徧體。若一體者。則汝以手挃一支時。四支應覺。若咸覺者。挃應無在。若挃有所。則汝一體自不能成。若多體者。則成多人。何體爲汝。若徧體者。同前所挃。若不遍者。當汝觸頭。亦觸其足。頭有所覺。足應無知。今汝不然。是故應知。隨所合處。心則隨有。無有是處。阿難白佛言。世尊。我亦聞佛。與文殊等諸法王子。談實相時。世尊亦言心不在內。亦不在外。如我思惟。內無所見。外不相知。內無知故。在內不成。身心相知。在外非義。今相知故。復內無見。當在中間。佛言。汝言中間。中必不迷。非無所在。今汝推中。中何爲在。爲復在處。爲當在身。若在身者。在邊非中。在中同內。若在處者。爲有所表。爲無所表。

無表同無。表則無定。何以故。如人以表。表爲中時。東看則西。南觀成北。表體既混。心應雜亂。阿難言。我所說中。非此二種。如世尊言。眼色爲緣。生於眼識。眼有分別。色塵無知。識生其中。則爲心在。佛言。汝心若在根塵之中。此之心體。爲復兼二。爲不兼二。若兼二者。物體雜亂。物非體知。成敵兩立。云何爲中。兼二不成非知不知。即無體性。中何爲相。是故應知。當在中間。無有是處。阿難白佛言。世尊。我昔見佛。與大目連須菩提富樓那。舍利弗。四大弟子。共轉法輪。常言覺知分別心性。既不在內。亦不在外。不在中間。俱無所在。一切無著。名之爲心。則我無著。名爲心不。佛告阿難。汝言覺知分別心性俱無在者。世間虛空水陸飛行。諸所物象。名爲一切。汝不著者。爲在爲無。無則同於龜毛兔角。云何不著。有不著者。不可名無。無相則無。非無則相。相有則在。云何無著。是故應知一切無著。名覺知心。無有是處。

議曰。佛問阿難心目所在。阿難先答心在身內。此乃一切眾生尋常所執。無一不在身內者。以妄心妄執色身為所依之處。此正賊之所在也。然阿難端請三觀。而如來先徵心目者。來意深長。從來解者漫云七處徵心。殊不知佛意所主。但見佛許大定。竟不識三觀所歸。此從來經旨。所以通途難明也。請試言之。原夫一真法界。不生不滅常住真心。諸佛眾生同稟此心。本源無二者也。良以眾生無始無明一念不覺而有生滅。即此生滅與不生滅和合。變此真心成阿賴耶識。而為眾生生死之根本。此識具有三分。一者業相。乃根本無明。即識之自證分。二者轉相。乃轉根本智而為妄見。即識之見分。此見乃前七識之根。三者現相。即識之相分。乃因無明不覺。覆蔽真心。遂將靈明無相寂滅之真空。變為頑然無知之虛空。故下經云迷妄有虛空。此頑空體中。無明凝結。遂變而為四大之妄色。以為空中之世界。故云依空立世界。由妄見而對四大之妄色。相待既久。遂摶取四大之外色少分。執為己有。而妄見吸攬居中。色心和合。執受無知之色以為我。遂成五蘊之眾生。故云想澄成國土。知覺乃眾生。此正眾生由之而起也。自此眾生但執五蘊身心為我。豈更知廣大真心哉。所謂一迷為心。決定惑為色身之內也。今此阿難執心在內。正以色身之內。妄想之心為真心。所以只見形貌可愛。而不達色心本空也。依此五蘊。妄分六根。六根對境。復取四大所造五塵為我所受用。而起六識。妄生分別。起惑造業。職此之由。生死輪迴。實從妄認五蘊身心為我。妄執為常。今將返妄歸真。必先破其五蘊之我執也。以其此執歷劫根深。非大定不足以破之。故如來將宣大定。先審心目所在。據阿難所執心在身內。即賊所據之處。便可進而擊破之。以由阿難向執為我。今一旦打破。恐其驚怖。故摩頂安慰而告之曰。有三摩提名大佛頂首楞嚴王。具足萬行。十方如來一門超出妙莊嚴路。是知從此徵心辯見以去。直至二種妄見。通破眾生我法二執。以顯本覺真心。皆借大定之力也。以先破五蘊假我。眾生妄執為常者。今七處徵心之文。名雖徵心。其實潛破色受二蘊耳。以妄想一向執受四大為我。以為心在身內。是執色身為心所依之處也。由執心在身內。則內求之而不得。執心在外。則外索之而不得。因而展轉七處推求。竟不可得。足知妄身不有。而執受以為我者皆虛妄矣。由是觀之七處徵心之文。實破色蘊。而受蘊亦隨破之矣。從此漸進。而破想行識三蘊。明文具在後文。此實通途大旨。智者請深觀之。不然。何以世尊徵心之初。先許大定。而後竟無結指之文。豈如來說法為漫談耶。

◎二斥妄心破想蘊以明六識無體分四

△初當機重請定門

爾時阿難。在大衆中即。從座起。偏袒右肩。右膝著地。合掌恭敬。而白佛言。我是如來最小之弟。蒙佛慈愛。雖今出家。猶恃憍憐。所以多聞。未得無漏。不能折伏娑毗羅呪。爲彼所轉。溺於婬舍。當由不知眞際所詣。惟願世尊。大慈哀愍。開示我等奢摩他路。令諸闡提。隳彌戾車。作是語已。五體投地。及諸大衆。傾渴翹佇。欽聞示誨。

△二世尊光示定體

爾時世尊。從其面門放種種光。其光晃耀。如百千日。普佛世界。六種震動。如是十方微塵國土。一時開現。佛之威神。令諸世界合成一界。其世界中。所有一切諸大菩薩。皆住本國。合掌承聽。

議曰。即此一光。全示定體也。由前世尊徵問阿難心目所在。阿難妄指心在身內。此一切眾生之通病也。已蒙如來追徵。阿難執定此身是實。故謂心在身內。由是展轉七處推窮。了不可得。此則明知所執色身本不有矣。阿難未悟。故此責躬。重請開示奢摩他路。殊不知如來先許大定。然後徵心。意要阿難直下頓悟四大本空。五蘊非有。即是大定全體現前矣。若阿難果是伶俐漢。一狀領過。則可截斷葛藤。喝散大眾。而楞嚴一會從此散場矣。由其懵懂不知。故勞我世尊多方開示。然而阿難所以不悟者。皆由執此生死妄想誤為真實故也。故此已下示二根本。名破想蘊。將破妄想。而如來先從面門放種種光者。古德所謂有一無位真人。在汝等面門放光動地。奈何諸人自昧。所以日用但認妄想。六根隔越。六塵障礙。今佛放此一光。照破根塵識界。一一本真。故云普佛世界。光明頓現。翻破無明。故云六種震動。根塵門頭。了無障礙。故云合成一界。如此照用現前。則不勞動步。即登道場。故光中菩薩。皆住本國。合掌聽法。且此一光。佛即密示大定全體矣。向下破妄顯真。而所顯者。此一段光明境界而已。若人了此光相。又何別求佛法哉。阿難不悟。故須次第一一開示。由破妄之初。阿難重請奢摩他路。如來先以光相密訓也。

△三總示顛倒根本

佛告阿難。一切衆生。從無始來。種種顚倒。業種自然。如惡叉聚。諸修行人。不能得成無上菩提。乃至別成聲聞緣覺。及成外道。諸天魔王。及魔眷屬。皆由不知二種根本。錯亂修習。猶如煑沙。欲成嘉饌。縱經塵劫。終不能得。云何二種。阿難。一者。無始生死根本。則汝今者與諸衆生。用攀緣心。爲自性者。二者。無始菩提涅槃元清淨體。則汝今者識精元明。能生諸緣。緣所遺者。由諸衆生。遺此本明。雖終日行。而不自覺。枉入諸趣。

議曰。如來將演大定。必先示以生死之本。故曰一切眾生無始以來。種種顛倒。由惑業也。惑。乃發業潤生二種無明。因此無明。造種種業。故名業種。既有此業。而苦果隨之。故惑業苦。三必同條。如惡叉聚。惡叉。毒樹名。生子必三。同一蒂。故以喻之。此惑正是大定之所破者。故先示之。由此惑故。諸修行人不能得成無上菩提。乃至別成二乘外道諸天魔王。正為惑之所使。由不知真妄二種根本。故錯亂修習耳。二根本者。一者眾生所迷生死根本。即汝今者用攀緣妄想心為自性者是也。二者諸佛所證菩提涅槃元清淨體。即汝今者識精元明能生諸緣。以認諸緣而遺失者是也。由諸眾生失此本明。故枉受生死。識精乃八識之體。元明乃本覺妙明真心。由諸眾生迷此本妙明心。變為識精而起妄想。意將先破妄想。次破識精。而本覺真心乃顯。皆仗大定之功。故破妄之初。揭而示之。以下破妄顯真。正示奢摩他。乃歸真之路。其所破者二顛倒耳。

≪ 四正示顛倒分三

◎ 初詰顛倒之心分五

初驗詰妄心

阿難。汝今欲知奢摩他路。願出生死。今復問汝。即時如來舉金色臂。屈五輪指。語阿難言。汝今見不。阿難言見。佛言。汝何所見。阿難言。我見如來舉臂屈指。爲光明拳。耀我心目。佛言。汝將誰見。阿難言。我與大眾。同將眼見。佛告阿難。汝今答我。如來屈指爲光明拳。耀汝心目。汝目可見。以何爲心。當我拳耀阿難言。如來現今徵心所在。而我以心推窮尋逐。即能推者。我將爲心。

⧉ 二斥妄想非真

佛言。咄。阿難。此非汝心。阿難矍然。避座合掌起立白佛。此非我心。當名何等。佛告阿難。此是前塵虛妄相想。惑汝眞性。由汝無始至於今生。認賊爲子。失汝元常。故受輪轉。

議曰。此正破妄心。以明第一顛倒也。如來將破妄心。先審欲知奢摩他路者。意顯從此已去。即顯大定之體也。奢摩他乃空觀之名。而如來藏清淨真心。本無一法。此即空觀之體也。且此觀體。更無別法。但以妄心妄見。分別緣塵。故隱而不現。今若心見既破。緣塵本空。真心乃顯。若了緣生無性。即是真心。故向下阿難執妄心妄見。分別緣塵以問。如來但據空藏定體以答。故此以去。皆示奢摩他路。故先揭示以破妄心。如來初審阿難出家之因。而答以由目見如來。心生愛樂。遂從出家。如來明告之曰。使汝流轉心目為咎。是的示阿難妄心妄見也。及先徵心。而七處求之皆不可得。名雖徵心。要知妄身非所依處。足顯身本空矣。阿難未悟。重請定門。如來妙辯。先破妄心。次破妄見。故今舉拳以問阿難。汝目可見。以何為心。要顯妄心本空。故重詰之。阿難仍指能推窮者我將為心。是執妄想生死之心為真實也。如來因而大斥之曰。咄。此非汝心。如來說法四十九年。今唯向阿難施此一喝。如金剛王寶劍。實能斷剿絕命根。可惜阿難不悟。又費婆心。以阿難從來但認此為真心。故今被喝。乃矍然向佛。若此非我心。當名何等。如來明告之曰。此心正是分別前塵虛妄浮想。乃六識攀緣之心耳。所謂妄有緣氣於中積聚。假名為心。迷惑汝之真性者。豈可以為真心乎。由汝無始以來認此為心。如認賊為子。故失本元常住真心。所以輪轉生死耳。

三詰六識無體

阿難白佛言。世尊。我佛寵弟。心愛佛故。令我出家。我心何獨供養如來。乃至徧歷恆沙國土。承事諸佛。及善知識。發大勇猛。行諸一切難行法事。皆用此心。縱令謗法。永退善根。亦因此心。若此發明不是心者。我乃無心。同諸土木。離此覺知。更無所有。云何如來說此非心。我實驚怖。兼此大衆。無不疑惑。惟垂大悲。開示未悟。爾時世尊。開示阿難。及諸大衆。欲令心入無生法忍。於師子座。摩阿難頂。而告之言。如來常說諸法所生。唯心所現。一切因果。世界微塵。因心成體。阿難。若諸世界。一切所有。其中乃至草葉縷結。詰其根元。咸有體性。縱令虛空。亦有名貌。何況清淨妙淨明心。性一切心。而自無體。若汝執悋。分別覺觀所了知性。必爲心者。此心即應離諸一切色香味觸諸塵事業。別有全性。如汝今者承聽我法。此則因聲而有分別。

⛬ 四帶顯七識非真

縱滅一切見聞覺知。內守幽閒。猶爲法塵分別影事。我非勅汝。執爲非心。但汝於心。微細揣摩。若離前塵有分別性。即眞汝心。若分別性。離塵無體。斯則前塵分別影事。塵非常住。若變滅時。此心則同龜毛兔角。則汝法身同於斷滅。其誰修證無生法忍。即時阿難。與諸大衆。默然自失。

⛬ 五總責顛倒

佛告阿難。世間一切諸修學人。現前雖成九次第定。不得漏盡。成阿羅漢。皆由執此生死妄想。誤爲眞實。是故汝今雖得多聞。不成聖果。

議曰。阿難一向誤執妄想六識攀緣之心為真心。今被佛呵。遂驚怖自失。乃以無心同諸土木為問。世尊真慈。欲令阿難大眾。心入無生。恐其失措。乃摩頂撫慰。略示其真而告之曰。汝何自疑無心同土木耶。如來常說諸法所生。唯心所現。一切世間依正因果。因心成體。此真心也。汝何不悟。且世界所有至微之物。皆有體性。縱令虛空。亦有名貌。何況清淨妙淨明心。為一切心之性。而自無體耶。真心有體而汝不悟。但執分別妄想以為真心。豈不謬耶。若汝執吝此分別心為真心者。若果是真心。即當離諸六塵別有全體。乃是真心。今離塵無體。非妄而何。且如汝今承聽我法。此則因聲而有分別。若我無聲。則汝心亦無。此正緣塵分別之心。乃第六識分別妄想之心。塵亡而心亦滅矣。此句正破想蘊無體。以顯六識虛妄。下句帶顯七識非真。意謂不但六識分別妄想非真。縱汝滅卻一切見聞覺知。六用不行。內守幽閒。猶為法塵分別影事。此正七識執自內我。為意識之根。正是生死根本。又豈可以認為真乎。佛意將破行蘊。滅第七識。故預以此句為張本。然我非斥汝所執者定非心也。但是妄想非真心耳。故令微細揣摩。離塵有體。即可許是汝真心。若離塵無體。塵滅而心亦隨滅。同於龜毛兔角矣。如此則法身同於斷滅。其誰修證無生耶。阿難被破妄想不真。則失其固有。而了無歸宿。故默然自失。世尊總斥其非曰。諸修行人雖成九次第定。不得成阿羅漢者。皆由執此妄想誤為真實。是故汝雖多聞。不成聖果者。職此之由也。阿羅漢。但滅六識。得出三界。以此印定。足知是破想蘊。　前破妄心。後破妄見。

◎　二詰顛倒之見分三

初當機重請

阿難聞已。重復悲淚。五體投地。長跪合掌。而白佛言。自我從佛發心出家。恃佛威神。常自思惟。無勞我修。將謂如來惠我三昧。不知身心本不相代。失我本心。雖身出家。心不入道。譬如窮子。捨父逃逝。今日乃知雖有多聞。若不修行。與不聞等。如人說食。終不能飽。世尊。我等今者二障所纏。良由不知寂常心性。惟願如來。哀愍窮露。發妙明心。開我道眼。

△二光示一真

即時如來從胷卍字涌出寶光。其光晃昱。有百千色。十方微塵。普佛世界。一時周徧。徧灌十方所有寶剎。諸如來頂。旋至阿難及諸大衆。告阿難言。吾今爲汝建大法幢。亦令十方一切衆生。獲妙微密性淨明心。得清淨眼。

議曰。下破妄見也。阿難蒙佛一往開示。已信緣塵分別之心離塵無體。足知一向所執之心非真心矣。以此而推。則前見佛之見。亦非真也。故請發妙明心。開我道眼。然以道眼印證。足知此下破妄見也。然此妄見。乃意識執外根身為我。名分別我法二執。為分別見。意根執內八識見分為我。為俱生我法二執。名俱生見。以根識相依。總屬妄想。故云二障所纏。如來破妄之初。先從胷卍字涌百寶光者。表此妄想。原是如來藏心大智慧光。今迷之而為妄想。故轉此智光而為妄見。今將破妄。故先放此光。照徹十方。一時周徧。以為前相。且此一段光明。聖凡共有。故灌十方佛頂。旋至阿難及諸大眾。要悟真心真見。了此一段光明便是。以迷此智光。轉成妄心妄見。今欲轉心見。成此光明。本自具足。唯在轉變之間耳。若悟此真光。頓獲妙淨明心。得清淨眼。心見皆真。此實如來建大法幢也。下文會見歸心者。以阿難一向執知是心。見是眼。不知眼非是見。故佛會見歸心。以破小乘執見是眼。為下辯見之本。

㊂ 三會見歸心

阿難。汝先答我見光明拳。此拳光明。因何所有。云何成拳。汝將誰見。阿難言。由佛全體閻浮檀金。赩如寶山。清淨所生。故有光明。我實眼觀。五輪指端。屈握示人。故有拳相。佛告阿難。如來今日實言告汝。諸有智者。要以譬喻而得開悟。阿難。譬如我拳。若無我手。不成我拳。若無汝眼。不成汝見。以汝眼根。例我拳理。其義均不。阿難言。唯然。世尊。既無我眼。不成我見。以我眼根。例如來拳。事義相類。佛告阿難。汝言相類。是義不然。何以故。如無手人。拳畢竟滅。彼無眼者。非見全無。所以者何。汝試於途。詢問盲人。汝何所見。彼諸盲人。必來答汝。我今眼前。唯見黑暗。更無他矚。以是義觀。前塵自暗。見何虧損。阿難言。諸盲眼前。唯覩黑暗。云何成見。佛告阿難。諸盲無眼。唯觀黑暗。與有眼人。處於暗室。二黑有別。爲無有別。如是。世尊。此暗中人。與彼羣盲。二黑較量。曾無有異。阿難。若無眼人。全見前黑。忽得眼光。還於前塵見種種色。名眼見者。彼暗中人。全見前黑。忽獲燈光。亦於前塵見種種色。應名燈見。若燈見者。燈能有見。自不名燈。又則燈觀。何關汝事。是故當知。燈能顯色。如是見者。是眼非燈。眼能顯色。如是見性。是心非眼。

議曰。將破妄見。如來舉拳驗見者。以小乘不知八識三分。祇知六識。一向但執根識相生。故以眼能見而不知此見在心也。此所謂愚者難分識與根耳。如來將欲會見歸心。故舉金拳以驗。問曰汝將誰見。阿難答言我將眼見此正執見在眼也。如來就拳以例眼根。我若無手。則不成拳。汝若無眼。豈無見耶。故引盲人。是無眼也。所見黑暗。豈非見耶。其盲人與暗室中人。所見黑暗無二。則知見不在眼明矣。若盲人忽得眼光。名眼見者。則暗室中人忽得燈光。應名燈見矣。豈有是理哉。以燈但能顯色而已。其見在人。是知眼根但能顯色而已。而此見性是心非眼。此乃會見歸心。下正明顛倒。破生死心。驗明六識妄執五蘊身心為我。計常無常起顛倒見。謂凡夫妄執五蘊身心為常。以無常計常。二乘不了身心本是真常。妄計為無常。故云顛倒。正屬阿含教義。敢如此解者。後結顛倒文云。則知汝身與諸如來清淨法身比類發明。如來之身名正徧知。汝等之身號性顛倒。故知前文乃約身見所起妄想分別心也。

◎ 三示顛倒之人分二

初請

阿難雖復得聞是言。與諸大衆。口已默然。心未開悟。猶冀如來慈音宣示。合掌清心。佇佛悲誨。

議曰。阿難所執妄心有依。色受二蘊。業已被破。今會見歸心。則茫無歸宿。故不知所請。是以口已默然。心未開悟。但佇佛悲誨。

次答分六

△ 初示凡夫顛倒

爾時世尊。舒兜羅緜網相光手。開五輪指。誨勅阿難。及諸大衆。我初成道。於鹿園中。爲阿若多。五比丘等。及汝四衆。言一切衆生。不成菩提。及阿羅漢。皆由客塵煩惱所誤。汝等當時。

因何開悟。今成聖果。時憍陳那起立白佛。我今長老。於大衆中。獨得解名。因悟客塵二字成果。世尊。譬如行客。投寄旅亭。或宿或食。宿食事畢。俶裝前途。不遑安住。若實主人。自無攸往。如是思惟。不住名客。住名主人。以不住者。名爲客義。又如新霽。清暘升天。光入隙中。發明空中諸有塵相。塵質搖動。虛空寂然。如是思惟。澄寂名空。搖動名塵。以搖動者。名爲塵義。佛言如是。

議曰。此破凡夫顛倒見以示迷也。破見之初。陡以客塵問之者。由凡夫妄執五蘊身心為常。故起常見。如來借客塵以破之。蓋客投旅亭。食宿便行。若真主人。自無攸往。此譬眾生旅泊三界。生死無常也。安可計為常乎。清暘升天。塵動而空體寂然。此譬生滅無常也。如此無常。安可妄計為常乎。此正凡夫顛倒也。

△二示二乘顛倒分二　※初示迷

即時如來。於大衆中。屈五輪指。屈已復開。開已又屈。謂阿難言。汝今何見。阿難言。我見如來百寶輪掌。衆中開合。佛告阿難。汝見我手。衆中開合。為是我手有開有合。為復汝見有開有合。阿難言。世尊寶手。衆中開合。我見如來手自開合。非我見性有開有合。佛言。誰動誰靜。阿難言。佛手不住。而我見性。尚無有靜。誰為無住。佛言如是。如來於是從輪掌中。飛一寶光。在阿難右。即時阿難迴首右盼。又放一光。在阿難左。阿難又則迴首左盼。佛告阿難。汝頭今日因何搖動。阿難言。我見如來出妙寶光。來我左右。故左右觀。頭自搖動。阿難。汝盼佛光。左右動頭。爲汝頭動。爲復見動。世尊。我頭自動。而我見性。尚無有止。誰爲搖動。佛言如是。

議曰。此破二乘顛倒見以示迷也。如來屈指飛光。驗見不動。以二乘妄計五蘊身心為無常。故生厭離。以不了衆生如故。故如來將破妄見。先屈指飛光以驗。阿難既知頭動而見不動。則知身境本不動矣。又何計為無常耶。此已密示真常矣。客塵飛光皆印如是者。謂阿難所對不謬也。

※ 次詰責

於是如來。普告大衆。若復衆生。以搖動者名之爲塵。以不住者名之爲客。汝觀阿難。頭自動搖。見無所動。又汝觀我。手自開合。見無舒卷。云何汝今以動爲身。以動爲境。從始洎終。念念生滅。遺失眞性。顚倒行事。性心失眞。認物爲己。輪迴是中。自取流轉。

議曰。此總責二妄。以驅凡聖之計也。意謂衆生既知搖動名塵。則生滅不常明矣。奚可計此生滅為常乎。二乘若知頭動而見性不動。則本自真常明矣。奚可計為無常乎。既知常無常義。云何汝等以動為身。以動為境。此二句經。言含兩意。真妄齊驅。意謂即此無常之身境。凡夫豈可認以為常耶。此責凡夫也。即此幻妄身境本是真常。幻化空身即法身。二乘豈可認為無常耶。意責二乘也。由此妄計。所以從始洎終。念念生滅。遺失真性。顛倒行事。本有心性而失之。爾乃認物為己。所以輪迴顛倒之中。自取流轉。斯乃總責顛倒也。

大佛頂如來密因修證了義諸菩薩萬行首楞嚴經通議卷第一

大佛頂如來密因修證了義諸菩薩萬行首楞嚴經通議卷第二

唐天竺沙門般剌密帝譯
烏萇國沙門彌伽釋迦譯語
菩薩戒弟子清河房融筆受
明南嶽沙門憨山釋德清述

◎三示外道斷見顛倒

爾時阿難。及諸大衆。聞佛示誨。身心泰然。念無始來。失卻本心。妄認緣塵分別影事。今日開悟。如失乳兒。忽遇慈母。合掌禮佛。願聞如來顯出身心。眞妄虛實。現前生滅與不生滅。二

發明性。時波斯匿王。起立白佛。我昔未承諸佛誨勅。見迦旃延。毗羅胝子。咸言此身死後斷滅。名爲涅槃。我雖值佛。今猶狐疑。云何發揮。證知此心不生滅地。今此大衆諸有漏者。咸皆願聞。

議曰。此出斷見之疑也。阿難聞前開示客塵飛光以示身境動有不動。則知生滅有不生滅義。業已領悟。但一向妄認緣塵分別之心為心。未見不生滅性。故願聞世尊。即在現前的示何者是真實。何者為虛妄。如何是生滅。如何是不生滅。令真妄二體了然分明。方自信不疑。此乃阿難心願而未決。故匿王因之以請也。匿王先事外道。姓迦旃延。名迦羅鳩馱。計一切法亦有亦無。又外道名刪闍夜毗羅胝子。而毗羅胝。乃母號也。故云子。此計諸法自然。其西域外道雖多。而所計者不出斷常二見。此二計斷見者。匿王已奉此法。故雖見佛。尚執舊習。祇知死後斷滅。今聞此心不生滅性。猶懷狐疑。故請發揮。大衆願聞。若悟不生滅心。則阿難妄執之情自謝。真常之性自顯矣。然死後斷滅之見。不獨西域。而此方亦多。謂人死清氣歸天。濁氣歸地。一靈真性還於太虛。此斷滅之見也。若果還太虛。則因果絕矣。豈不幸哉。

佛告大王。汝身現在。今復問汝。汝此肉身。爲同金剛常住不朽。爲復變壞。世尊。我今此身。終從變滅。佛言大王。汝未曾滅。云何知滅。世尊。我此無常變壞之身。雖未曾滅。我觀現前。念念遷謝。新新不住。如火成灰。漸漸銷殞。殞亡不息。決知此身當從滅盡。佛言。如是大王。汝今生齡。已從衰老。顏貌何如童子之時。世尊。我昔孩孺。膚腠潤澤。年至長成。血氣充滿。而今頹齡。迫於衰耄。形色枯悴。精神昏昧。髮白面皺。逮將不久。如何見比充盛之時。佛言大王。汝之形容。應不頓朽。王言世尊。變化密移。我誠不覺。寒暑遷流。漸至於此。何以故。我年二十。雖號年少。顏貌已老初十歲時。三十之年。又衰二十。於今六十。又過於二。觀五十時。宛然強壯。世尊。我見密移。雖此殂落。其間流易。且限十年。若復令我微細思惟。其變寧唯一紀二紀。實爲年變。豈唯年變。亦兼月化。何直月化。兼又日遷。沉思諦觀。剎那剎那。念念之間。不得停住。故知我身。終從變滅。佛告大王。汝見變化。遷改不停。悟知汝滅。亦於滅時。汝知身中有不滅耶。波斯匿王合掌白佛。我實不知。佛言。我今示汝不生滅性。大王。汝年幾時。見恆河水。王言。我生三歲。慈母攜我。謁耆婆天。經過此流。爾時即知是恆河水。佛言大王。如汝所說。二十之時。衰於十歲。乃至六十。日月歲時。念念遷變。則汝三歲見此河時。至年十三。其水云何。王言。如三歲時。宛然無異。乃至於今年六十二。亦無有異。佛言。汝今自傷髮白面皺。其面必定皺於童年。則汝今時觀此恆河。與昔童時觀河之見。有童耄不。王言。不也。世尊。佛言大王。汝面雖皺。而此見精。性未曾皺。皺者爲變。不皺非變。變者受滅。彼不變者元無生滅。云何於中受汝生死。而猶引彼末伽梨等。都言此身死後全滅。王聞是言。信知身後捨生趣生。與諸大衆。踊躍歡喜。得未曾有。

議曰。此破外道斷見也。阿難願佛就在現前身心。拈出不生滅性。此理甚難發揮。故借匿王開示。然匿王不但不知生滅即常。而且執死後斷滅者也。苟知滅元不滅。則知生本無生。真常之義顯矣。不滅之性。死後難明。只就現前身心以驗。則可知矣。故問匿王。汝此肉身為同金剛常住不朽。為復變壞。此問為引終從變滅之言也。若就形骸而觀。其實遷變不常。以從生至幼。從幼至壯。從壯至老。漸漸不同。至老衰朽。終歸於死。若就歲月而觀。其實遷流不住。以紀變而年化。月變而日遷。細而察之。不唯時遷。而刹那刹那念念不住。此皆身心生滅無常也。即此生滅。有不生滅真常之性。何從而見耶。故世尊乃詰觀河之見以印證之。三歲觀河。以至於老。形骸雖變而見水之見性不變。即此不變之性。乃真性也。以此足證變者受滅。而不變之性。云何受汝生死耶。此身雖謝。真性常存。如何引彼末伽黎等。都言死後斷滅耶。真常之性。即就此身於是乎顯矣。王聞此言。信知身死不入斷滅。已上破外道斷見竟。

△四示顛倒之狀

阿難即從座起。禮佛合掌。長跪白佛。世尊。若此見聞。必不生

滅。云何世尊。名我等輩。遺失眞性。顚倒行事。願興慈悲。洗我塵垢。即時如來垂金色臂。輪手下指。示阿難言。汝今見我母陀羅手。爲正爲倒。阿難言。世間衆生。以此爲倒。而我不知誰正誰倒。佛告阿難。若世間人。以此爲倒。即世間人。將何爲正。阿難言。如來豎臂。兜羅緜手。上指於空。則名爲正。佛即豎臂。告阿難言。若此顚倒。首尾相換。諸世間人。一倍瞻視。則知汝身。與諸如來清淨法身。比類發明。如來之身。名正徧知。汝等之身。號性顚倒。隨汝諦觀。汝身佛身。稱顚倒者。名字何處。號爲顚倒。於時阿難。與諸大衆。瞪瞢瞻佛。目睛不瞬。不知身心顚倒所在。

△五正責顛倒

佛興慈悲哀愍阿難及諸大衆。發海潮音。徧告同會諸善男子。我常說言。色心諸緣。及心所使諸所緣法。唯心所現。汝身汝心。皆是妙明眞精妙心中所現物。云何汝等遺失本妙圓妙明心。寶明妙性。認悟中迷。

議曰。阿難聞佛開示觀河之見。生滅中有不生滅。則前見拳之見。即此見性。信知真性本不曾失。云何世尊獨許匿王。而說我等遺失真性。原不顛倒。云何見責我等顛倒行事耶。此阿難其實未見真性。乃認妄為真。不知顛倒所在也。故世尊以垂手示之。且天然垂手。而人以為倒。是猶身境本自真常。而返生厭離。此二乘外道之顛倒也。豎臂是倒。而返以為正。是認生滅無常。而妄計為常。此凡夫之顛倒也。然唯我一臂耳。本無正倒。但以首尾相換。妄生分別。世人一類如此瞻視。倍。猶類也。如來法身與汝等色身。皆一身也。若比類發明。如來之身名正偏知。汝等之身號性顛倒。以如來法身安然自在。汝等之身妄計斷常。此所以為顛倒也。世尊意要阿難即色身以悟法身。故問阿難隨汝諦觀。汝身佛身何處名為顛倒耶。阿難大眾向以執迷。故瞢然不知顛倒所在。佛興慈悲。徧告同會曰。我常說言色心諸緣。及心所使。諸所緣法。唯心所現。色。十一色法也。心。四蘊八識也。諸緣。塵根也。心所使。五十一心所也。諸所緣法。根身器界一切萬法也。皆唯心所現。以此而觀。足知汝身汝心皆是妙明真精妙心中所現物。如何但認幻妄身心。而遺失本妙圓妙明心寶明妙性。認悟中迷。以本來不迷。由汝認妄失真。所謂悟中迷。此即顛倒所在也。

◎六示迷悟同源

晦昧爲空。空晦暗中。結暗爲色。色雜妄想。想相爲身。聚緣內搖。趣外奔逸。昏擾擾相。以爲心性。一迷爲心。決定惑爲色身之內。不知色身。外泊山河虛空大地。咸是妙明眞心中物。譬如澄清百千大海。棄之。惟認一浮漚體。目爲全潮。窮盡瀛渤。汝等即是迷中倍人。如我垂手。等無差別。如來說爲可憐愍者。

議曰。由說一切諸法唯心所現。恐當機難悟。故推原迷倒之由。以示迷悟同源唯心之旨。以破顛倒之妄心妄見也。意恐轉計一切諸法及此身心。既唯心所現。然則何以迷之耶。故推迷妄之由以發之原。夫一真法界如來藏清淨真心。本無身心世界之相也。但由真淨界中。一念妄動而成不覺之無明。以此無明蓋覆真心。遂將靈明廓徹之真空。變為頑然無知之虛空。故云晦昧為空。依此頑空。無明凝結。變成四大之幻色。故云結暗為色。真心既迷。即轉本有之智光。變為妄見。以此妄見。對彼幻色。相待既久。即摶取四大之少分。妄見和合而為五蘊之身心。故云色雜妄想想相為身。執此妄身。遂失本有之真性。但認聚緣內搖。昏擾擾相。以為自己之心性。是所謂性心失真也。既一迷廣大之真心。而據蕞爾幻妄之身心。決定惑為色身之內矣。曾不知此色身。外泊山河虛空大地。咸是妙明真心中所現物耳。譬如棄大海而認一漚。此已迷矣。且以一漚目為全潮。又更迷也。是故汝等為迷中倍人。此正顛倒之狀。如我垂手無異。故如來說為可憐愍者耳。

上從前二種根本以來。破想蘊。滅前六識。明第一顛倒竟。

▣ 三辯妄見破行蘊明七識無體分二

∧ 初破妄分五

◎ 先徵破分別妄見無體分四

⛬ 初呈妄見

阿難承佛悲救深誨。垂泣叉手而白佛言。我雖承佛如是妙音。悟妙明心。元所圓滿。常住心地。而我悟佛現說法音。現以緣心。允所瞻仰。徒獲此心。未敢認爲本元心地。願佛哀愍。宣示圓音。拔我疑根。歸無上道。

議曰。此下明第二顛倒也。阿難向認介爾妄想顛倒之心為心。今蒙佛開示妙明廣大真心。誠所未聞。故感激垂泣。但以承佛妙音。悟此妙心元所圓滿。此則因聞法音。以緣心而悟。非親證也。未敢認為自己本元心地。故請拔疑根。古人徹信自心。直到不疑之地。方為實證。阿難所悟。但因聲分別。乃緣塵之心。生滅心也。故屬意根。所云。認緣失真者此也。

二揀妄緣不實

佛告阿難。汝等尚以緣心聽法。此法亦緣。非得法性。如人以手指月示人。彼人因指。當應看月。若復觀指以爲月體。此人豈唯亡失月輪。亦亡其指。何以故。以所標指。爲明月故。豈唯亡指。亦復不識明之與暗。何以故。即以指體。爲月明性。明暗二性。無所了故。汝亦如是。若以分别我說法音。爲汝心者。此心自應離分别音。有分别性。譬如有客。寄宿旅亭。暫止便去。終不常住。而掌亭人。都無所去。名爲亭主。此亦如是。

三示根識俱妄

若眞汝心。則無所去。云何離聲無分别性。下暎前六識無體 斯則豈唯聲分別心。分別我容。離諸色相。無分別性。（下帶顯八識非真）如是乃至分別都無。非色非空。拘舍離等。昧爲冥諦。

四示可還非真

離諸法緣。無分別性。則汝心性。各有所還。云何爲主。

議曰。此明第二根本。故借見精以破七識無體。將顯識精為涅槃體也。以七識乃意識之根。為分別性。但托六識分別以顯其用。通屬八識之見分。以緣內外。亦名緣心。今離前塵則無體矣。故約緣塵以破。世尊告曰。汝等若以緣心聽法。此法但屬所緣。生滅心耳。非得離言法體也。然我所說法。如以指指月示人。而指非月也。離指方能識月。若以指當月。則月指二體皆失。明暗二性無所了矣。

若以分別法音為汝心者。此心自當離聲有體。如客宿旅亭。客去而亭主常住。若此分別果是汝之真心。則應常住。如何離聲無體耶。如此不但此心無體。即分別我容。離諸色相。亦無體也。此則總顯六識分別之心無體。以六識依此七識而有分別。今既分別無體。即顯此識虛妄矣。不但分別非真。縱使分別都無。非色非空。七識內緣。離外五塵。故非色。執內為我。故非空。此正八識昏昧之體。猶非真心。而拘舍離等昧為冥諦。此尚非真。況分別緣塵者乎。緣塵分別者。乃七識為意之根。故有分別。若離外塵無緣。即內緣八識為自內我。故外道計此為神我。立此為冥初主諦。計以為常。依此生二十五法。拘舍離。外道名也。因破七識。帶顯八識為所執之我。亦非真也。若離法緣無分別性。則汝之心性各有所還。云何為主。此結前起後。意在不還者為主。乃顯真心耳。

◎ 二姑借見精以揀緣塵分二　㗊 初請

阿難言。若我心性。各有所還。則如來說妙明元心。云何無還。惟垂哀愍。為我宣說。

㗊 次答分三　△ 初立見精

佛告阿難。且汝見我。見精明元。此見雖非妙精明心。如第二月。非是月影。汝應諦聽。今當示汝無所還地。

△ 二揀緣塵

阿難。此大講堂。洞開東方。日輪升天。則有明曜。中夜黑月。雲霧晦暝。則復昏暗。戶牖之隙。則復見通。牆宇之間。則復觀壅。分別之處。則復見緣。頑虛之中。徧是空性。鬱埻之象。則紆昏塵。澄霽斂氛。又觀清淨。阿難。汝咸看此諸變化相。吾今各還本所因處。云何本因。阿難。此諸變化。明還日輪。何以故。無日不明。明因屬日。是故還日。暗還黑月。通還戶牖。壅還牆宇。緣還分別。頑虛還空。鬱埻還塵。清明還霽。則諸世間一切所有。不出斯類。汝見八種見精明性。當欲誰還。何以故。若還於明。則不明時無復見暗。雖明暗等。種種差別。見無差別。

△三示見性

諸可還者。自然非汝。不汝還者。非汝而誰。則知汝心。本妙明淨。汝自迷悶。喪本受輪。於生死中。常被漂溺。是故如來名可憐愍。

議曰。阿難聞說可還者非主。故請不還之真心也。以真心難明。姑借見精以破之。以見乃雜於緣塵之中。而八識精明之體。不屬緣塵。故曰見精明元。此雖非真。以元係真如所變。已切近於真。故如第二月。不離月體。非是水中之影也。若悟此見精不還。則可了悟真心矣。前云認緣失真。故約緣塵揀示不還之地。若諸緣淨盡。則真性自顯矣。且見所緣者。不過明暗通壅緣空塵霽八緣而已。且此八緣皆有所還。汝見八種之見精明性。當誰還耶。諸可還者自非汝之真心明矣。其不還者豈非汝之真性而誰耶。是則真性在汝。本自妙明。今自迷悶不悟。喪失本有而受生死。是故如來說為可憐愍者此耳。

◎ 三示見性離緣以顯見精分四

初請不還

阿難言。我雖識此見性無還。云何得知是我眞性。

議曰。阿難意謂我已知此不還之性矣。但不知此性。如何即是我之真性也。此非呈悟。正陳不悟之心也。蓋此見雖破。以是八識之精光。應五根而了境者。故姑借見精以為主。外揀緣塵以破之。若塵亡而此見亦泯矣。故先楷定見量。揀緣塵而後破。

二定見量

佛告阿難。吾今問汝。今汝未得無漏清淨。承佛神力。見於初禪。得無障礙。而阿那律見閻浮提。如觀掌中庵摩羅果。諸菩薩等。見百千界。十方如來。窮盡微塵清淨國土。無所不矚。衆生洞視。不過分寸。

三揀緣塵

阿難。且吾與汝。觀四天王所住宮殿。中間偏覽水陸空行。雖有昏明。種種形像。無非前塵分別畱礙。汝應於此分別自他。今吾將汝擇於見中。誰是我體。誰爲物象。阿難。極汝見源。從日月宮。是物非汝。至七金山。周偏諦觀。雖種種光。亦物非汝。漸漸更觀。雲騰鳥飛。風動塵起。樹木山川。草芥人畜。咸物非汝。

阿難。是諸近遠諸有物性。雖復差殊。同汝見精清淨所矚。則諸物類。自有差別。見性無殊。此精妙明。誠汝見性。

（四示見精）

議曰。此正示見精明元也。以見乃八識之精光。映五塵而了境。故名緣塵之見。若就初照境時。即名現量。正屬八識精明之體。若第二念起心分別。則名比量。乃屬意識。前約八還以破。乃破緣塵分別之見。猶屬比量。今約現量以顯見精。故科云楷量以破也。且聲聞菩薩與佛及眾生。雖聖凡各別。而照境之用廣狹不同。都是八識現量見精所矚。雖天地虛空萬物雜陳。一見洞照。則知物異而見不異。此不異之見。不雜於物者。此精妙明。誠汝之見性也。若知此性。則可超悟真性矣。

◎ 四破轉計見精是物分二

初破轉計

若見是物。則汝亦可見吾之見。若同見者。名為見吾。吾不見時。何不見吾不見之處。若見不見。自然非彼不見之相。若不見吾不見之地。自然非物。云何非汝。又則汝今見物之時。汝既見物。物亦見汝。體性紛雜。則汝與我。并諸世間。不成安立。

二示真見

阿難。若汝見時。是汝非我。見性周徧。非汝而誰。云何自疑汝之眞性。性汝不眞。取我求實。

議曰。此破轉計也。由前指萬物以示見精。誠恐阿難認見是物。故特示之曰。萬物乃所見之境也。而見物之見精。豈是物耶。若見是一物。則爾我之見皆是物也。而汝亦可見我之見矣。若謬執謂同見一物即是見我之見者。然我離物之時。汝何不見我不見之處耶。縱許汝能見我不見之處。此但是汝之妄見。自然非彼不見之相也。彼字。佛自指也。作我字看。若不見我不見之地。足知爾我之見皆非物也。即此離物之見。豈非汝之見性乎。若必執見是物。則物皆有見。彼此互見。人物不分。不成安立矣。此離物之見。乃會見分而歸識精。知此則可漸見眞性矣。故特指歸見性曰。汝見物時。

是汝之見而不預我。即汝之見物圓滿而周徧者。豈非汝之真性而誰耶。且汝之見性圓明了了。云何自疑而不悟。此性是汝本具而不以為真。返取我言以為實。豈不誤哉。

◎五正破見量以顯真心分二　初立量

阿難白佛言。世尊。若此見性。必我非餘。我與如來。觀四天王勝藏寶殿。居日月宮。此見周圓。徧娑婆國。退歸精舍。祇見伽藍。清心戶堂。但瞻簷廡。世尊。此見如是。其體本來周徧一界。今在室中。唯滿一室。爲復此見縮大爲小。爲當牆宇夾令斷絕。我今不知斯義所在。願垂弘慈。爲我敷演。

次正破

佛告阿難。一切世間。大小內外。諸所事業。各屬前塵。不應說言見有舒縮。譬如方器。中見方空。吾復問汝。此方器中所見方空。爲復定方。爲不定方。若定方者。別安圓器。空應不圓。若不定者。在方器中。應無方空。汝言不知斯義所在。義性如是。云何爲在。阿難。若復欲令入無方圓。但除器方。空體無方。不應說言。更除虛空方相所在。若如汝問。入室之時。縮見令小。仰觀日時。汝豈挽見齊於日面。若築牆宇。能夾見斷。穿爲小竇。寧無續迹。是義不然。

︽二顯真

一切衆生。從無始來。迷己爲物。失於本心。爲物所轉。故於是中。觀大觀小。若能轉物。則同如來。身心圓明。不動道場。於一毛端。徧能含受十方國土。

議曰。此正破除見量也。由迷真心而成阿賴耶識。此識具三分。一自證分。二見分。三相分。以無明力凝結既久。遂成頑然無知之虛空。而成四大之幻色。因此而有妄見。攬四大而成衆生。故根身器界一切萬物由之而起也。今將破妄顯真。故先揀去所緣之相分。姑顯見性離緣。令緣塵既消。故能見亦泯。此所謂會妄見而歸見精也。今見分既泯。而見精獨存。以八識未破。此識現量雖能圓現根身器界。猶存限量。不能圓照法界。故有內外大小之隔。而疑夾絕之見也。若此量一破。則根境兩亡。圓明普照十方矣。阿難問意。

經文可知。但破見量之說。從前未發。苟不如此。何以此見一破。即能一毛含受十方國土耶。世尊答意。約器以破者。以此圓明妙心。今在迷中。而為根身器界之所局礙。若能內脫身心。外遺世界。則圓明妙體當下現前。故除器方而空體本無方圓也。不除虛空方相者。此古德所謂不用求真。唯須息見。若見量一泯。則相分頓亡。此所謂若能轉物即同如來。身心圓明不動道場。於一毛端徧能含受十方國土也。始因迷一心真如。故轉為妄相。今轉妄相歸一心。故即同如來。如此深觀。方見如來說法之妙。以從悟至迷。從細至麤。法爾而有三細六麤之相。今破妄顯真。必須從麤至細。漸詣真際也。論文昭然。以論勘經。則一毛不爽。非是謬談。智者請深觀之。

從前阿難承佛悲救以來。辯妄見。破見分。滅第七識行蘊。以顯分見真理。明第二顛倒竟。

□四非見精破識蘊滅第八識的指正修行路分三

△初破我執以顯一真分三

◎初當機出計

阿難白佛言。世尊。若此見精。必我妙性。今此妙性。現在我前。（計即色是我）見必我眞。我今身心。復是何物。（計離色是我）而今身心分別有實。彼見無別分辯我身。（計我大色小色在我中）若實我心。令我今見。見性實我。而身非我。何殊如來先所難言。物能見我。（計色大我小我在色中）唯垂大慈。開發未悟。

議曰。此下破八識自證分。潛破我執以顯一真也。以一向七識執此識體為自內我。故二乘計此識為涅槃真我。外道執此為神我。故說我偏十方等。故曰。阿陀那識甚深細。習氣種子成瀑流。我於凡愚不開演。恐彼分別執為我。此識世尊一向不輕談者。為是故也。阿難聞佛開示。若能轉物即同如來。遂起執物是見之疑。就中潛計我見為請。意在破外道所執之我。以外道執此識為神我。而二乘執蘊即離我。故須代破。言雖不顯。意實含之。乃曰若此見精必我妙性。今此妙性現在我前者。此字指前所轉之物也。意謂若能轉物即同如來。斯則現前一切萬物皆是我之見精矣。此潛計即色是我也。見必我真。我今身心復是何物者。意謂若此萬物必是我之真見。則彼物已是我矣。我今身心復是何物哉。此潛計離色是我也。而今身心分別有實。彼見無別分辯我身者。意謂若物是我。則身心非我矣。況今身心實有分別。彼物既是我。何以不能分別我身耶。此潛計我大色小。色在我中也。若實我心令我今見等者。意謂彼物若實是我心。令我今見。則彼之見性實是我。而身心非我矣。如此則何殊如來先所難言物能見我。此潛計色大我小。我在色中。總計外物是我也。此計從轉物一語而起。故世尊向下就物擇見。約即物以破之。前云若見是物蓋破認見作物也。今計認萬物是見。故不同耳。

◎二世尊委破分二　初即物破是見

佛告阿難。今汝所言。見在汝前。是義非實。若實汝前。汝實見者。則此見精。既有方所。非無指示。且今與汝坐祇陀林。偏觀林渠。及與殿堂。上至日月。前對恆河。汝今於我師子座前。舉手指陳。是種種相。陰者是林。明者是日。礙者是壁。通者是空。如是乃至草樹纖毫。大小雖殊。但可有形。無不指著。若必其見。現在汝前。汝應以手確實指陳。何者是見。阿難當知。若空是見。既已成見。何者是空。若物是見。既已是見。何者爲物。汝可微細披剝萬象。析出精明淨妙見元。指陳示我。同彼諸物分明無惑。阿難言。我今於此重閣講堂。遠洎恆河。上觀日月。舉手所指。縱目所觀。指皆是物。無是見者。世尊。如佛所說。況我有漏初學聲聞。乃至菩薩。亦不能於萬物象前。剖出精見。離一切物。別有自性。佛言。如是如是。

議曰。世尊令阿難就物擇見。以顯物非見精也。故先責所言見在汝前是義不然。若現前物實是汝之見精者。則物物各有方所。而汝見精必有方所可指陳矣。故令就此現坐祇林。徧觀種種諸物。但有形者。一一指著。何者是見。披剝萬象。析出精明。指陳示我。分明無惑。此令即物以辯我也。阿難領旨。答云。不但聲聞。即菩薩大智。亦不能於萬物象前析出精見。離一切物別有自性。佛言。如是如是。許其所對不妄也。

二即物破非見

佛復告阿難。如汝所言。無有見精。離一切物。別有自性。則汝所指是物之中。無是見者。今復告汝。汝與如來。坐祇陀林。更觀林苑。乃至日月。種種象殊。必無見精受汝所指。汝又發明此諸物中。何者非見。阿難言。我實偏見此祇陀林。不知是中何者非見。何以故。若樹非見。云何見樹。若樹即見。復云何樹。如是乃至若空非見。云何見空。若空即見。復云何空。我又思惟。是萬象中。微細發明。無非見者。佛言。如是如是。於是大衆非無學者。聞佛此言。茫然不知是義終始。一時惶悚。失其所守。如來知其魂慮變慴。心生憐愍。安慰阿難。及諸大衆。諸善男子。無上法王。是眞實語。如所如說。不誑不妄。非末伽梨四種不死矯亂論議。汝諦思惟。無忝哀慕。

議曰。阿難認物為見精。故世尊就物勑令指陳。今指擇不出。已知物不是見明矣。世尊仍令即物而指。何者非見。阿難領旨。答云。我又思惟。是萬象中。微細發明。無非見者。佛亦印許如是如是。問曰。阿難認物為見。世尊勑令就物指陳。而阿難已知物不是見。世尊已印許矣。又令阿難即物所指何者非見。阿難亦知即一切物無非見者。佛亦印許之。何耶。答曰。佛意端在直指一真。了無是非之相。阿難大眾不悟。落在是非圈裏。故茫然不知。失其所守。至此則剿絕命根矣。如來知其魂慮變慴。故憐愍安慰而暫縱之也。乃告之曰。法王所說。是真實語。不同外道末伽梨等四種不死矯亂論議。謂矯智亂答。無一定道理。世尊不然。以我法據真實義。不忝汝之哀慕也。以世尊自指非末伽梨四種不死矯亂論議。足知前破我執明矣。

◎ 三文殊顯真

是時文殊師利法王子。愍諸四衆。在大衆中。即從座起。頂禮佛足。合掌恭敬。而白佛言。世尊。此諸大衆。不悟如來發明二種精見色空。是非是義。世尊。若此前緣色空等象。若是見者。應有所指。若非見者。應無所矚。而今不知是義所歸。故有驚怖。非是疇昔善根輕鮮。惟願如來大慈發明。此諸物象。與此見精。元是何物。於其中間。無是非是。佛告文殊。及諸大衆。十方如來。及大菩薩。於其自住三摩地中。見與見緣。并所想相。如虛空華。本無所有。此見及緣。元是菩提妙淨明體。云何於中有是非是。文殊。吾今問汝。如汝文殊。更有文殊是文殊者。爲無文殊。如是世尊。我眞文殊。無是文殊。何以故。若有是者。則二文殊。然我今日。非無文殊。於中實無是非二相。佛言此見妙明。與諸空塵。亦復如是。本是妙明無上菩提淨圓眞心。妄爲色空。及與聞見。如第二月。誰爲是月。又誰非月。文殊。但一月眞。中間自無是月非月。是以汝今觀見與塵。種種發明。名爲妄想。不能於中出是非是。由是眞精妙覺明性。故能令汝出指非指。

議曰。阿難大眾。不悟見精是非之義。故文殊特為啟請也。以迷智而為識。故妄見有根身器界一切萬物。種種差殊。是皆唯識所變現也。若轉識成智。則一切萬物當下消亡。經云。得相是識。不得相是智。唯在轉變之間耳。以一真之體。全變而為阿賴耶識。故根身器界由之而起。若內脫身心。外遺世界。即此識藏。元是如來藏一真法界常住真心。又何有是非之相哉。以依識妄見。故有是非。若以大智照之。則了無彼此是非之相。此非大智不能洞然。故假文殊啟請。物與見精。云何無是非是也。如來乃據大定而答曰。十方如來及大菩薩。自住三摩地中。以智而觀。則見與見緣并所想相。

如空中華。本無所有。以此見及緣。元是菩提妙淨明體。云何有是非是。此特示一真。了無別法。可謂極盡開示矣。故文殊自謂但一真文殊。何有是非二相哉。佛言。以此足知此見妙明。與諸空塵。本是妙明無上菩提淨圓真心。妄為色空及與聞見。如第二月。若了知一月是真。自無是非之相矣。前破妄見。乃約見精以破。故曰此見雖非妙精明心。如第二月。非是月影。今將破見精。則曰唯一月真。更無二月。此如來說法從麤至細。漸引歸真。了然可見矣。若以妄想而觀。則不能出是非之外。若以妙覺明性而觀。故能令汝出指非指。至此一真之性於是乎顯矣。

上破我執以顯一真竟

△二破自證以顯一眞分四

◎初當機出計

阿難白佛言。世尊。誠如法王所說覺緣。徧十方界。湛然常住。性非生滅。與先梵志娑毗迦羅。所談冥諦。及投灰等諸外道種。說有眞我。徧滿十方。有何差別。世尊亦曾於楞伽山。爲大慧等。敷演斯義。彼外道等。常說自然。我說因緣。非彼境界。我今觀此覺性自然。非生非滅。遠離一切虛妄顚倒。似非因緣。與彼自然。云何開示。不入羣邪。獲眞實心。妙覺明性。

議曰。將破自證。故阿難約自然以問也。自然者。謂自體本然。不假因緣。以真如在迷有自性可證。外道不知計為自然。故阿難假之以難請也。問有二義。一則承前世尊所示覺緣徧十方界。故疑與外道說有真我徧滿十方相同。二則聞說覺性自然。不屬前塵。則妙性天然。與彼外道所說自然何別。

◎二世尊委破分二　初破自然

佛告阿難。我今如是開示方便。眞實告汝。汝猶未悟惑爲自然。阿難。若必自然。自須甄明有自然體。汝且觀此妙明見中。以何爲自。此見爲復以明爲自。以暗爲自。以空爲自。以塞爲自。阿難。若明爲自。應不見暗。若復以空爲自體者。應不見塞。如是乃至諸暗等相。以爲自者。則於明時。見性斷滅。云何見明。阿難言。必此妙見。性非自然。我今發明是因緣生。心猶未明。咨詢如來。是義云何。合因緣性。

二破因緣

佛言。汝言因緣。吾復問汝。汝今因見。見性現前。此見爲復因明有見。因暗有見。因空有見。因塞有見。阿難。若因明有。應不見暗。如因暗有。應不見明。如是乃至因空因塞。同於明暗。復次阿難。此見又復緣明有見。緣暗有見。緣空有見。緣塞有見。阿難。若緣空有。應不見塞。若緣塞有。應不見空。如是乃至緣明緣暗。同於空塞。

◎ 三的示精覺

當知如是精覺妙明。非因非緣。亦非自然。非不自然。無非不非。無是非是。離一切相。即一切法。汝今云何。於中措心。以諸世間戲論名相。而得分別。如以手掌。撮摩虛空。祇益自勞。虛空云何隨汝執捉。

◎四重拂妄計

阿難白佛言。世尊。必妙覺性。非因非緣。世尊云何常與比丘。宣說見性具四種緣。所謂因空因明。因心因眼。是義云何。佛言阿難。我說世間諸因緣相。非第一義。

議曰。阿難執謂覺性自然。世尊約境甄破。顯自無體。則不屬自然明矣。隨復轉計是因緣生。世尊即境按破不屬因緣。蓋此妙性不借緣生。不因境有。故直示精覺。乃曰當知如是精覺妙明。不屬一切因緣自然。超出是非之外。離一切相。即一切法。名言道斷。心行處滅。云何於中措心。以諸世間戲論名相而得分別耶。譬如以手撮摩虛空。徒自勞耳。虛空云何隨汝執捉耶。此直示一真覺性。了無餘蘊矣。如此開示。阿難猶然不悟。仍執尋常所說因緣為疑。此正名言習氣也。故世尊答曰非第一義。上破妄計以顯一真竟

△三破見精以示始覺分三

◎初徵破妄計

阿難。吾復問汝。諸世間人。說我能見。云何名見。云何不見。阿難言。世人因於日月燈光。見種種相。名之爲見。若復無此三種光明。則不能見。阿難。若無明時。名不見者。應不見暗。若必

見暗。此但無明。云何無見。阿難。若在暗時。不見明故。名爲不見。今在明時。不見暗相。還名不見。如是二相。俱名不見。若復二相自相陵奪。非汝見性於中暫無。如是則知二俱名見。云何不見。

◎二的示始覺分二　⊠先揀緣

是故阿難。汝今當知。見明之時。見非是明。見暗之時。見非是暗。見空之時。見非是空。見塞之時。見非是塞。

⊠次的示

四義成就。汝復應知。見見之時。見非是見。見猶離見。見不能及。云何復說因緣自然。及和合相。

◎三結責勸修

汝等聲聞。狹劣無識。不能通達清淨實相。吾今誨汝。當善思惟。無得疲怠妙菩提路。

議曰。此破見精以顯始覺也。一往辯見以來。姑借見精先破緣塵分別之見。次破見分以顯見精。以見相二分本同一體。元依識精所現。故物與見混而難分。故或認見是物。或執物是見。而起種種外道妄見。世尊即物以徵其是非。今既蒙逐破見精。已顯唯一真精更無別物。超出是非之外。阿難一切自然因緣之疑已決矣。此乃泯見分而歸識精也。但此見精猶屬迷妄。正是無明。名為識蘊。故如第二月。若此不破。難契本覺真心。故此一節乃破見精以示始覺之智也。且將破識精。世尊猶以見與不見為審者。前乃對緣以辯。此乃離緣以辯。意顯此見精不因境有。不借緣生。唯一精真。切近真心。故此識一破。則五蘊頓空。即名始覺之智矣。佛審阿難。世人舉皆說我能見。然云何名見。云何不見耶。阿難答以因明暗而有見。世尊破云。若見因明暗而有。且明去而見暗暗去而見明。是明暗自有去來。而汝見性非暫無也。是故明暗通塞自是前境。而此見精不因境有。不借緣生。唯一精見而已。此則前境既離。而見精獨顯。猶屬無明。故破之曰。汝復應知見見之時。見非是見。見猶離見。見不能及。云何復說因緣自然。及和合相耶。此乃正破識精也。見見之時見非是見者謂真見見於見精之時。而真見非是見精也。且見精切近於真者。尚猶離之。豈汝妄見而能及此真見乎。故曰見猶離見。見不能及。是知此句乃的破見精明矣。此離妄之真見。乃清淨實相真心也。以汝等狹劣。不能通達耳。此即是名始覺之智。以始覺有功。本覺乃顯。故此正示奢摩他路。吾今誨汝當善思惟。無得疲怠而不進修也。從初啟請妙奢摩他以來至此。通破五蘊身心以顯人空。故結指觀名。以此正屬我執。名為但空。以法執猶存。故下例破二種世界以破法執。

上破五蘊八識以明人空竟

△二例破二種世界本空以明法空分二

◎初當機呈請

阿難白佛言。世尊。如佛世尊。為我等輩。宣說因緣。及與自然。諸和合相。與不和合。心猶未開。而今更聞見見非見。重增迷悶。伏願弘慈。施大慧目。開示我等覺心明淨。作是語已。悲淚頂禮。承受聖旨。

議曰。今破法執之初。阿難且以聞前因緣自然。然猶未明和合及不和合。故云心猶未開。以前說五蘊不屬因緣自然。但破假名。而實法尚存。未達本空。故心猶未開。今聞見五蘊之見亦非見。故重增迷悶者。正是二乘我執雖空。法執未忘。猶妄見有身心世界。故覺心未淨。所以重請開示也。下答意。總顯五蘊不實。例顯世界本空。

◎二世尊許說分二　︿初許說誡聽

爾時世尊。憐愍阿難。及諸大衆。將欲敷演大陀羅尼。諸三摩提。妙修行路。告阿難言。汝雖強記。但益多聞。於奢摩他。微密觀照。心猶未了。汝今諦聽。吾當爲汝分別開示。亦令將來諸有漏者。獲菩提果。

︿二正示二妄分二　◎初總示

阿難。一切衆生。輪迴世間。由二顛倒分別見妄。當處發生。當業輪轉。云何二見。一者。衆生別業妄見。二者。衆生同分妄見。

◎二別示分三　∴初別業妄見

云何名爲別業妄見。阿難。如世間人。目有赤眚。夜見燈光。別有圓影。五色重疊。於意云何。此夜燈明所現圓光。爲是燈色。爲當見色。阿難。此若燈色。則非眚人何不同見。而此圓影。唯眚之觀。若是見色。見已成色。則彼眚人見圓影者。名爲何等。復次阿難。若此圓影。離燈別有。則合傍觀屏帳几筵。有圓影出。離見別有。應非眼矚。云何眚人目見圓影。是故當知。色實在燈。見病爲影。影見俱眚。見眚非病。終不應言是燈是見。於是中有非燈非見。如第二月。非體非影。何以故。第二之觀。揑所成故。諸有智者。不應說言此揑根元。是形非形。離見非見。此亦如是。目眚所成。今欲名誰是燈是見。何況分別非燈非見。

△ 二同分妄見

云何名爲同分妄見。阿難。此閻浮提。除大海水。中間平陸。有三千洲。正中大洲。東西括量。大國凡有二千三百。其餘小洲在諸海中。其間或有三兩百國。或一或二。至於三十四十五十。阿難。若復此中有一小洲。祇有兩國。唯一國人。同感惡緣。則彼小洲當土衆生。覩諸一切不祥境界。或見二日。或見兩月。其中乃至暈適珮玦。彗孛飛流。負耳虹蜺。種種惡相。但此國見。彼國衆生。本所不見。亦復不聞。

△ 三進退合明分三　△ 初進別例同

阿難。吾今爲汝。以此二事。進退合明。阿難。如彼衆生。別業妄見。矚燈光中所現圓影。雖似前境。終彼見者目眚所成。眚即見勞。非色所造。然見眚者。終無見咎。例汝今日。以目觀見山河國土。及諸衆生。皆是無始見病所成。見與見緣。似現前境。元我覺明見所緣眚。覺見即眚。本覺明心。覺緣非眚。覺所覺眚。覺非眚中。此實見見。云何復名覺聞知見。是故汝今見我及汝。并諸世間十類衆生。皆即見眚。非見眚者。彼見眞精。性非眚者。故不名見。

△二退同例別

阿難。如彼衆生同分妄見。例彼妄見別業一人。

△三進退合明

一病目人同彼一國。彼見圓影。眚妄所生。此衆同分所見不祥。同見業中瘴惡所起。俱是無始見妄所生。例閻浮提三千洲中。兼四大海。娑婆世界。并洎十方諸有漏國。及諸衆生。同是覺明無漏妙心。見聞覺知虛妄病緣。和合妄生。和合妄死。

上顯法空竟

△三顯本覺離緣以示真如出纏

若能遠離諸和合緣。及不和合。則復滅除諸生死因。圓滿菩提不生滅性。清淨本心。本覺常住。

議曰。此以五蘊例破世界以破法執也。將破法執。且云將演大陀羅尼諸三摩提妙修行路者。陀羅尼。此云總持。蓋前結勸無得疲怠妙菩提路者。乃單示人空。未顯法空。猶屬但空。以法執未忘。今將示圓融空觀之體。以舉一即三。言三即一。故云諸三摩提。今法執一破。而空如來藏體頓顯。且此空藏乃圓融之空體。總會萬有。融歸一心。故云總持三昧。此所以為諸三摩提妙修行路。義顯真空乃即假之空。非但空也。故佛責阿難強記多聞。於奢摩他微密觀照心猶未開。正指不悟本非因緣自然之旨。未達即假之空。故今重為開示也。然法執端是內之五蘊身心。外及山河大地虛空世界。二種實法而已。前云汝之身心。外洎虛空山河大地。皆是妙明真精妙心中所現物。譬棄百千大海。認一浮漚目為全潮。是為顛倒。今將破二妄。故先告阿難。一切眾生輪迴世間。由二顛倒分別見妄也。且此二妄。從一真界中當處發生。既生此妄惑。必有妄業。所謂動即有苦。故當業流轉耳。云何二見。一者別業妄見。二者同分妄見。別業乃眾生正報。各各五蘊之身心。是各人別業所感者。同分乃眾生依報之世界。是大家同業所感者。以此二妄本來不有。良由真淨妙明心中。一念妄動而有無明。遂變真心而為阿賴耶識。故有見相二分。見為妄心。相為妄境。心境對待。起惑造業。輪迴生死。實二妄之咎也。所謂見與見緣并所想相。如空中華本無所有。故真心如好眼。妄心如眼眚。五蘊身心如燈上之圓影。四大山河如空中之狂華。若了目眚。則二妄本空矣。故約目眚以破之。云何名為別業妄見。別業者乃眾生正報。各各五蘊之身心。要顯五蘊本空。元依見妄而有。故譬目有赤眚。夜見燈光五色圓影。好眼燈光。總喻真心。眚喻妄見。影喻五蘊。故即燈離燈以辯之。本無所有。豈可以是非論之哉。色實在燈。喻妄不離真也。見病為影。喻因迷有妄也。影見俱眚。喻心境俱迷也。覺迷迷滅。故見眚非病。又喻如第二月。足知了無是非之相矣。苟知二月是捏目所成。則知影見乃目眚之咎。又何於燈起是非之妄計哉。了此足知五蘊本空。則因緣自然之疑可決矣。云何名為同分妄見。同分者乃十方眾生同感依報之世界。欲顯世界不有。元依見妄所生。故以南閻浮提大小多國之災祥不一明之。但一國人同感惡緣。則一國人同見不祥。彼無惡者本不見聞。是知穢土眾生。乃惡業之所感。

而淨土中人本不見耳。所謂大火所燒時。我此土安隱。以本不見有穢惡也。吾今以此二事進退合明。謂進別業以例同分。退同分以例別業。以五蘊本空易悟。世界不有難明。故假二事進退合而明之耳。即彼眾生別業妄見五蘊身心。如見燈光所現圓影。然影雖似有。畢竟是目眚所成。非燈本有也。若知是眚者。則無見病矣。以此例汝觀見山河國土。及諸眾生。皆是無始無明見病之所成耳。見與見緣似現前境。本非實有。元是我覺明之無明。故妄見有所緣之眚耳。是則若覺若見。皆即眚也。其本覺明心覺了諸緣者。則非眚矣。然覺其所覺是眚。此真覺也。真覺豈墮於妄覺之中哉。故曰覺非眚中。此實見見。因阿難前云今聞見見重增迷悶。故佛以覺所覺眚覺非眚中以釋見見之疑也。以此證成。則上見乃真覺。下見為目眚。眚乃妄見。正指無明識精也。此如來自釋。明文昭然。不必異解。且識精乃見之精者。以真智而觀。猶是眚妄。云何覺聞知見而可及哉。是所謂見猶離見見不能及也。當知一真界中。生佛本無。汝今見有佛有眾生者。皆是妄見之眚。非見眚者也。彼妙見真精性非眚者。遠離諸妄。故不名見耳。此上進別業以例同分。合而觀之。則世界本空可知矣。故又退同分以例別業。即此眾生同分妄見。例彼別業妄見一人。以一病目人所見之圓影。乃眚妄所成。例彼一國所見之不祥。同是惡業之所起。而此國界俱是無始見妄之所生。以此一國例閻浮提。并洎十方諸有漏國及諸眾生。同是覺明無漏妙心見聞覺知。謂因無明迷此無漏妙心。而妄為見聞覺知虛妄之病緣。根境和合而妄生妄死耳。由是觀之。則五蘊身心。外及虛空山河大地。當下消亡。了無寄矣。故知例破二種世界以顯法空也。二執既破。則始覺有功。本覺乃顯。總結本覺離緣。以示真如出纏。故曰若能遠離諸和合緣及不和合。則復滅除諸生死因。圓滿菩提不生滅性。清淨本心本覺常住矣。從前徵心辯見以來。多方開示。破妄顯真。至此二執既破。乃顯本覺真心。然此猶是破和合識以顯本覺。未極一心之源。向下更破始本和合之計。方乃會歸藏性耳。

上顯本覺離緣以示真如出纏竟

△四拂跡入玄以顯真如絕待分二

◎初世尊特示

阿難。汝雖先悟本覺妙明。性非因緣。非自然性。而猶未明如是覺元。非和合生。及不和合。

◎二重拂妄計分二　△初破和合

阿難。吾今復以前塵問汝。汝今猶以一切世間妄想和合。諸因緣性。而自疑惑。證菩提心和合起者。則汝今者妙淨見精。爲與明和。爲與暗和。爲與通和。爲與塞和。若明和者。且汝觀明。當明現前。何處雜見。見相可辯。雜何形像。若非見者。云何見明。若即見者。云何見見。必見圓滿。何處和明。若明圓滿。不合見和見。必異明。雜則失彼性明名字。雜失明性。和明非義。彼暗與通。及諸羣塞。亦復如是。復次阿難。又汝今者妙淨見精。爲與明合。爲與暗合。爲與通合。爲與塞合。若明合者。至於暗時。明相已滅。此見即不與諸暗合。云何見暗。若見暗時。不與暗合。與明合者。應非見明。既不見明。云何明合。了明非暗。彼暗與通。及諸羣塞。亦復如是。

△二破不和合

阿難白佛言。世尊。如我思惟。此妙覺元。與諸緣塵。及心念慮。非和合耶。佛言。汝今又言覺非和合。吾復問汝。此妙見精。非和合者。爲非明和。爲非暗和。爲非通和。爲非塞和。若非明和。

則見與明。必有邊畔。汝且諦觀。何處是明。何處是見。在見在明。自何爲畔。阿難。若明際中必無見者。則不相及。自不知其明相所在。畔云何成。彼暗與通。及諸羣塞。亦復如是。又妙見精。非和合者爲非明合。爲非暗合。爲非通合。爲非塞合。若非明合。則見與明。性相乖角。如耳與明。了不相觸。見且不知明相所在。云何甄明合非合理。彼暗與通。及諸羣塞。亦復如是。

議曰。前已開示始覺有功。本覺乃顯。此所謂菩提心生。生滅心滅。猶屬生滅。以有對待故也。阿難前間未明和合之義。向以始覺合乎本覺。名究竟覺。將謂本覺真心亦因和合而起。故此重拂妄計。以顯真心絕待。觀智俱泯。然後乃可妙契一心。故科名拂跡入玄。

是知此中和合。乃就真心以揀始覺。故不同前破和合識。揀妄計也。此因阿難前云心猶未明。故不待請問而告之曰。汝雖先悟本覺妙明性非因緣非自然性。而猶未明如是覺元非和合生及不和合。非和合生。謂天然妙性。不因修生。不因和合而生也。及非不和合。謂體絕妄緣。不與諸緣和合。而未嘗離緣也。然覺體明淨。難以措心。故借前塵妄想以發明之。乃曰。吾今復以前塵問汝。汝今猶以一切世間妄想和合諸因緣性。指八識體名和合識。而自疑惑證菩提心和合起者。謂汝猶以夙習妄想。妄謂菩提覺心亦從和合而起也。汝今即以妙淨見精而推。為與前緣明暗通塞誰和合耶。所言和者。如水乳和。合者。如函蓋合。所言和者。雜而不分之義。且汝觀明時。何處雜見耶。下離即破。若明非見者。則明既非見。不當見明矣。此離不可也。若明即見者。則明已成見。不當更見矣。此即不可也。故曰云何見見。下一異破。若見是一。則見已圓滿。又於何處和明耶。若明是一。則明已圓滿。不應又與見和矣。意謂兩物相雜。乃可名和耳。此一不可也。若見必異明而言和者。則雜而不分。若見若明。兩失之矣。豈可又言見明哉。此異不可也。既雜失明性。而更言和明者。此非義也。明既非和。則暗與通塞。準可知矣。又汝今者妙淨見精。與明暗通塞如何而合耶。若與明合。明滅則不當見暗。以見隨明滅故。若與暗合。則暗謝自不當見明。以見隨暗謝故。了明若此。則暗與通塞。準可知矣。阿難既蒙開示非和合義。故又轉計云。如我思惟。此妙覺元。本非和合。與諸緣塵及心念慮非和合耶。世尊破云。若非明和。則見與明各有邊畔。若非明合。則見與明兩相乖角。不相及矣。何以知其合不合耶。以此而推。足知妙淨見精與諸緣塵。若言和合及非和合。皆不成矣。見精尚出是非之外。何況妙覺真心。豈可以是非和合而計之哉。良以生滅與不生滅和合而成八識。故今破和合識。則諸妄已盡。以始覺合乎本覺。觀智俱泯。是非情忘。以顯真如絕待。斯則寂滅一心於是乎見矣。

上約生滅門。決擇真妄。以顯本覺真心竟。

㊁ 二約不生不滅會妄歸真以顯真空如來藏性分二

◎ 初直指一心

阿難。汝猶未明一切浮塵。諸幻化相。當處出生。隨處滅盡。幻妄稱相。其性眞爲妙覺明體。如是乃至五陰六入。從十二處。至十八界。因緣和合。虛妄有生。因緣別離。虛妄名滅。殊不能知生滅去來。本如來藏。常住妙明。不動周圓。妙眞如性。性眞常中。求於去來迷悟生死。了無所得。

議曰。此直指一心真源。不生不滅如來藏性。將以融會萬法也。由迷此一心。不生不滅與生滅和合。成阿黎耶識。變起見相二分。為色心二法。內成五蘊之眾生。外及虛空之世界。諸所緣法。悉現其中。良由眾生不覺。認緣失真。故受輪轉耳。阿難大悲示現。假墮婬室之由。全因妄認五蘊身心為誤。故特請世尊開示十方如來得成菩提妙奢摩他三摩禪那最初方便。故世尊首破五蘊。而指心目為咎。始從徵心辯見以來。總破妄心妄見而已。然則心見乃八識之見分。諸緣乃八識之相分。是為根本無明。由此無明。不了諸相本空。故從前漸揀緣塵非有。妄見本無。泯見相以歸識精。破識精而歸始覺。會始覺以歸一心。而空如來藏體。於是乎顯矣。已前破妄所顯之空。名但空耳。以空而不能有。故非真空。今將會五蘊根塵識界。并及七大。本如來藏妙真如性。是為即有之空。名實相真空。方盡大乘圓融空藏之體。此非二乘所知。故世尊特告阿難曰。汝猶未明一切浮塵諸幻化相。當處出生。隨處滅盡。若了緣生如幻。本自無生。但幻妄稱相而已。其性真為妙覺明體也。此則法法全真。何有一法之妄相哉。如是則知五陰六入從十二處至十八界。此諸妄相。但是因緣和合虛妄有生。因緣別離虛妄名滅。汝等但見生滅之妄相。殊不能知生滅去來者。本如來藏。常住妙明。不動周圓。妙真如性也。了知藏性。又何有生滅去來之幻妄哉。若以妄想而觀。則似有生死去來之相。若以正智而觀。性真常中。求於去來迷悟生死。了無所得矣。此特示一心真源。而從前破妄所顯者。妙極於斯。向下五蘊三科七大。一一會歸藏性。方盡真空之體也。

上直指一心竟

◇ 二頓融萬法分三

△ 初會三科以顯即事即理分四

◎ 初會五陰　⋀ 一會色陰

阿難。云何五陰。本如來藏妙眞如性。阿難。譬如有人。以清淨目。觀晴明空。唯一晴虛。逈無所有。其人無故。不動目睛。瞪以發勞。則於虛空別見狂華。復有一切狂亂非相。色陰當知亦復如是。阿難。是諸狂華。非從空來。非從目出。如是阿難。若空來者。既從空來。還從空入。若有出入。即非虛空。空若非空。自不容其華相起滅。如阿難體。不容阿難。若目出者。既從目出。還從目入。即此華性從目出故。當合有見。若有見者。去既華空。旋合見眼。若無見者。出既翳空。旋當翳眼。又見華時。目應無翳。云何晴空。號清明眼。是故當知色陰虛妄。本非因緣。非自然性。

議曰。此會色陰也。清淨目。喻真智。晴明空。喻真理。瞪喻無明。勞喻妄見。狂華喻妄相。乃色陰也。約空目以辯無體。若了狂華不從空來。不從目出。則知色陰本無所有。全一虛妄也。

︽二會受陰

阿難。譬如有人。手足宴安。百骸調適。忽如忘生。性無違順。其人無故。以二手掌。於空相摩。於二手中。妄生澀滑冷熱諸相。受陰當知亦復如是。阿難。是諸幻觸。不從空來。不從掌出。如是阿難。若空來者。既能觸掌。何不觸身。不應虛空。選擇來觸。若從掌出。應非待合。又掌出故。合則掌知。離則觸入。臂腕骨髓。應亦覺知入時蹤跡。必有覺心。知出知入。自有一物身中往來。何待合知。要名爲觸。是故當知受陰虛妄。本非因緣。非自然性。

議曰。此會受陰也。宴安調適。本無違順諸受也。二手相摩。則冷暖觸現。約空掌以辯。不從空來。不從掌出。足知觸受無體。受陰本無所有。全一虛妄也。

△三會想陰

阿難。譬如有人。談說酢梅。口中水出。思蹋懸崖。足心酸澀。想陰當知亦復如是。阿難。如是酢說。不從梅生。非從口入。如是阿難。若梅生者。梅合自談。何待人說。若從口入。自合口聞。何須待耳。若獨耳聞。此水何不耳中而出。想蹋懸崖。與說相類。是故當知想陰虛妄。本非因緣。非自然性。

議曰。此會想陰也。談說酢梅而口水出。思蹋懸崖而足酸澀。此陳妄想之狀也。約梅口以辯想陰無體。如是酢說。應云如是口水。然口水因談梅而有。若此口水從梅而生。則梅合自談。則水在梅不在口矣。若從口出。且因聞談梅而出。則當是口聞不待耳矣。若獨因耳聞談梅而水出。則此水當從耳出。不從口矣。蹋崖相類。如是推窮。則想無實體。足知想陰本無所有。全一虛妄也。

＜四會行陰

阿難。譬如暴流。波浪相續。前際後際。不相踰越。行陰當知亦復如是。阿難。如是流性。不因空生。不因水有。亦非水性。非離空水。如是阿難。若因空生。則諸十方無盡虛空。成無盡流。世界自然俱受淪溺。若因水有。則此暴流性應非水。有所有相。今應現在。若即水性。則澄清時。應非水體。若離空水。空非有外。水外無流。是故當知行陰虛妄。本非因緣。非自然性。

議曰。此會行陰也。暴流相續。以喻行陰之相也。此約四法以辯無體。謂因空。因水。即水性。離空水。謂此流若因空而生。則十方虛空成無盡流。是則空所徧處。流亦徧滿。一切世界皆淪溺矣。豈有是理哉。若因水有。則此流性應在水外。以是水之所有故。若有所有相。則今當止水。可指流性矣。若流是水性。則流者是水。而澄湛者應非水矣。若離空水。且空不外於水。水外則無流。如是推窮。而此遷流之行陰竟何有耶。足知全一虛妄也。

≪五會識陰

阿難。譬如有人。取頻伽瓶。塞其兩孔。滿中擎空。千里遠行。用餉他國。識陰當知亦復如是。阿難。如是虛空。非彼方來。非此方入。如是阿難。若彼方來。則本瓶中既貯空去。於本瓶地。應少虛空。若此方入。開孔倒瓶。應見空出。是故當知識陰虛妄。本非因緣。非自然性。

議曰。此會識陰也。瓶喻中陰身。空喻識。兩孔喻見聞。人死見聞悶絕。故喻塞。識被業牽故喻往他國。若執有識隨身往來者。此處識滅。往彼處生。如瓶盛此方虛空遠餉他國。則本瓶地應少虛空。而彼處倒瓶應見空出。故知虛空不動。則識無去來。而以計識隨生死去來者妄矣。由不達識體本空故。噫。如來妙辯推窮。曲盡其理。總顯五陰本一虛妄。了無實體。若知五蘊元無。則真空藏性顯矣。

三科七大一一皆然。

大佛頂如來密因修證了義諸菩薩萬行首楞嚴經通議卷第二

大佛頂如來密因修證了義諸菩薩萬行首楞嚴經通議卷第三

唐天竺沙門般刺密帝譯
烏萇國沙門彌伽釋迦譯語
菩薩戒弟子清河房融筆受
明南嶽沙門憨山釋德清述

◎二會六入　《初會眼入

復次阿難。云何六入。本如來藏妙眞如性。阿難。即彼目睛瞪發勞者。兼目與勞。同是菩提瞪發勞相。因於明暗二種妄塵。發見居中。吸此塵象。名爲見性。此見離彼明暗二塵。畢竟無體。如是阿難。當知是見。非明暗來。非於根出。不於空生。何以故。若從明來。暗即隨滅。應非見暗。若從暗來。明即隨滅。應無見明。若從根生。必無明暗。如是見精。本無自性。若於空出。前矚塵象。歸當見根。又空自觀。何關汝入。是故當知眼入虛妄。本非因緣。非自然性。

議曰。此總徵六入本如來藏也。說者槩以六入為六根。謂根乃六塵所入之處。諦觀經義不然。以明言見精聞性等。豈浮塵根而可擬哉。經云。元以一精明。分成六和合。此中特言見聞覺知。蓋推初分六湛之源也。意謂如來藏性。唯一堅密身。了無能所。本不可入。良由一念妄動。遂起無明。迷此真心而為八識。所謂識精元明也。

以此識具有自證見相三分。由見相對待。則吸習塵相中歸藏識。以吸故名入。發起見聞覺知而為六用之元。湛淵之體因此而分。六受用根依之而立。以此遂為六塵所入耳。非謂浮塵根也。即彼目睛瞪發勞者。兼目與勞。同是菩提瞪發勞相。此言根識同源也。目。根也。乃清淨四大。即無明殼。屬相分。為六根之元。勞指見分。為七識之元。菩提瞪發勞。謂生相無明。即自證分。意顯相見同一自證。則根識同一識精元明之體。但因無明熏習而發見聞覺知。以為六用之元耳。是知瞪喻無明。勞喻相見。同是菩提瞪發勞相。是則由無明力熏習真如。故有八識三分耳。以此推之。若了三分無體。元一真心。則根塵識三。全無自性。故不屬因緣自然。皆本如來藏妙真如性矣。

△二會耳入

阿難。譬如有人。以兩手指急塞其耳。耳根勞故。頭中作聲。兼耳與勞。同是菩提瞪發勞相。因於動靜二種妄塵。發聞居中。吸此塵象。名聽聞性。此聞離彼動靜二塵。畢竟無體。如是阿難。當知是聞。非動靜來。非於根出。不於空生。何以故。若從靜來。動即隨滅。應非聞動。若從動來。靜即隨滅。應無覺靜。若從根生。必無動靜。如是聞體。本無自性。若於空出。有聞成性。即非虛空。又空自聞。何關汝入。是故當知耳入虛妄。本非因緣。非自然性。

議曰。此會耳入也。曰聽聞性名聞性。揀鼻入也。辯無自性。本如來藏矣。

＜三會鼻入

阿難。譬如有人。急畜其鼻。畜久成勞。則於鼻中。聞有冷觸。因觸分別通塞虛實。如是乃至諸香臭氣。兼鼻與勞。同是菩提瞪發勞相。因於通塞二種妄塵。發聞居中。吸此塵象。名齅聞性。此聞離彼通塞二塵。畢竟無體。當知是聞。非通塞來。非於根出。不於空生。何以故。若從通來。塞則聞滅。云何知塞。如因塞有。通則無聞。云何發明香臭等觸。若從根生。必無通塞。如是聞機。本無自性。若從空出。是聞自當迴齅汝鼻。空自有聞。

何關汝入。是故當知鼻入虛妄。本非因緣。非自然性。

議曰。此會鼻入也。亦曰聞性。曰聞機。義與耳同。在耳曰聽聞。在鼻曰齅聞。體同而用異。所謂性中相知。用中相背也。

△四會舌入

阿難。譬如有人。以舌舐吻。熟舐令勞。其人若病。則有苦味。無病之人。微有甜觸。由甜與苦。顯此舌根。不動之時。淡性常在。兼舌與勞。同是菩提瞪發勞相。因甜苦淡二種妄塵。發知居中。吸此塵象。名知味性。此知味性。離彼甜苦及淡二塵。畢竟無體。如是阿難。當知如是嘗苦淡知。非甜苦來。非因淡有。又非根出。不於空生。何以故。若甜苦來。淡則知滅。云何知淡。若從淡出。甜即知亡。復云何知甜苦二相。若從舌生。必無甜淡及與苦塵。斯知味根。本無自性。若於空出。虛空自味。非汝口知。又空自知。何關汝入。是故當知舌入虛妄。本非因緣。非自然性。

議曰。此會舌入也。以舌抵物曰舐。吻。唇吻也。曰知味性。又曰知味根。則根性一源也。

△五會身入

阿難。譬如有人。以一冷手。觸於熱手。若冷勢多。熱者從冷。若熱功勝。冷者成熱。如是以此合覺之觸。顯於離知。涉勢若成。因於勞觸。兼身與勞。同是菩提瞪發勞相。因於離合二種妄塵。發覺居中。吸此塵象。名知覺性。此知覺體。離彼離合違順二塵。畢竟無體。如是阿難。當知是覺。非離合來。非違順有。不於根出。又非空生。何以故。若合時來。離當已滅。云何覺離。違順二相。亦復如是。若從根出。必無離合違順四相。則汝身知。元無自性。必於空出。空自知覺。何關汝入。是故當知身入虛妄。本非因緣。非自然性。

議曰。此會身入也。在身為覺。名覺知性也。

︽六會意入

阿難。譬如有人。勞倦則眠。睡熟便寤。覽塵斯憶。失憶為忘。是其顛倒生住異滅。吸習中歸。不相踰越。稱意知根。兼意與勞。

同是菩提瞪發勞相。因於生滅二種妄塵。集知居中。吸撮內塵。見聞逆流。流不及地。名覺知性。此覺知性。離彼寤寐生滅二塵。畢竟無體。如是阿難。當知如是覺知之根。非寤寐來。非生滅有。不於根出。亦非空生。何以故。若從寤來。寐即隨滅。將何爲寐。必生時有。滅即同無。令誰受滅。若從滅有。生即滅無。誰知生者。若從根出。寤寐二相。隨身開合。離斯二體。此覺知者。同於空華。畢竟無性。若從空生。自是空知。何關汝入。是故當知意入虛妄。本非因緣。非自然性。

議曰。此會意入也。眠則為忘。寤則為憶。莊子其寐形交。其覺形開。故曰開合。憶則為生。忘則為滅。生法暫停曰住。住不久留曰異。謂吸攝此生住異滅為內法塵。較前指塞耳而有聲。急畜鼻而有冷觸。舌舐吻而有苦甜。手相摩而有冷煖。則知塵非外來。意顯根塵識三。唯識所變。且意吸生滅而為塵。豈有實法哉。見聞逆流流不及地者。謂見聞等五根。往外順流。緣五塵境。今不外緣。但內緣五塵落謝影子。生滅不停。故云逆流。以生滅法塵但歸意地。而八識本體非見聞所及。故云流不及地名知覺性。以統收六根。但云見聞覺知而已。一一辯妄無體。皆本如來藏矣。

◎三會十二處 〈 初會色處

復次阿難。云何十二處。本如來藏妙眞如性。阿難。汝且觀此祇陀樹林。及諸泉池。於意云何。此等爲是色生眼見。眼生色相。阿難。若復眼根生色相者。見空非色。色性應銷。銷則顯發一切都無。色相既無。誰明空質。空亦如是。若復色塵生眼見者。觀空非色。見即銷亡。亡則都無。誰明空色。是故當知見與色空。俱無處所。即色與見。二處虛妄。本非因緣。非自然性。

議曰。此總徵十二處也。初約色塵以對眼根。以顯根塵十二處虛妄。說者謂十二處正破在色。經文明言即色與見二處虛妄。豈單在處耶。今皆無體。則本如來藏矣。

︽二會聲處

阿難。汝更聽此祇陀園中。食辦擊鼓。衆集撞鐘。鐘鼓音聲。前後相續。於意云何。此等爲是聲來耳邊。耳往聲處。阿難。若復此聲。來於耳邊。如我乞食室羅筏城。在祇陀林。則無有我。此聲必來阿難耳處。目連迦葉。應不俱聞。何況其中一千二百五十沙門。一聞鐘聲。同來食處。若復汝耳。往彼聲邊。如我歸住祇陀林中。在室羅城。則無有我。汝聞鼓聲。其耳已往擊鼓之處。鐘聲齊出。應不俱聞。何況其中象馬牛羊。種種音響。若無來往。亦復無聞。是故當知聽與音聲。俱無處所。即聽與聲。二處虛妄。本非因緣。非自然性。

議曰。此會聲處也。聲不來耳邊。耳不往聲所。是則音聲聞性。兩皆寂然。而妄生分別。二妄無體。則本如來藏矣。

〈三會香處

阿難。汝又齅此鑪中栴檀。此香若復然於一銖。室羅筏城四十里內。同時聞氣。於意云何。此香爲復生栴檀木。生於汝鼻。爲生於空。阿難。若復此香生於汝鼻。稱鼻所生。當從鼻出。鼻非栴檀。云何鼻中有栴檀氣。稱汝聞香。當於鼻入。鼻中出香。說聞非義。若生於空。空性常恆。香應常在。何藉鑪中爇此枯木。若生於木。則此香質因爇成煙。若鼻得聞。合蒙煙氣。其煙騰空。未及遙遠。四十里內。云何已聞。是故當知香鼻與聞俱無處所。即齅與香。二處虛妄。本非因緣。非自然性。

議曰。此會香處也。香無定在。聞根本空。二皆無體。則本如來藏矣。

△四會味處

阿難。汝常二時。衆中持鉢。其間或遇酥酪醍醐。名爲上味。於意云何。此味爲復生於空中。生於舌中。爲生食中。阿難。若復此味生於汝舌。在汝口中。祇有一舌。其舌爾時已成酥味。遇黑石蜜。應不推移。若不變移。不名知味。若變移者。舌非多體。云何多味。一舌之知。若生於食。食非有識。云何自知。又食自知。即同他食。何預於汝。名味之知。若生於空。汝噉虛空。當作何味。必其虛空若作鹹味。既鹹汝舌。亦鹹汝面。則此界人。同於海魚。既常受鹹。了不知淡。若不識淡。亦不覺鹹。必無所知。云何名味。是故當知味舌與嘗。俱無處所。即嘗與味。二俱虛妄。本非因緣。非自然性。

議曰。此會味處也。約味以辯。味若生於舌。則一舌而不能知多味。若生於食。則食自知而無預於舌。若生於空。則根塵無干。何名知味。是知二皆無體。則本如來藏矣。

︽五會觸處

阿難。汝常晨朝以手摩頭。於意云何。此摩所知。誰爲能觸。能爲在手。爲復在頭。若在於手。頭則無知。云何成觸。若在於頭。手則無用。云何名觸。若各各有。則汝阿難應有二身。若頭與手。一觸所生。則手與頭當爲一體。若一體者。觸則無成。若二體者。觸誰爲在。在能非所。在所非能。不應虛空與汝成觸。是故當知覺觸與身俱無處所。即身與觸。二俱虛妄。本非因緣。

非自然性。

議曰。此會觸處也。約觸以辯。以手摩頭而為身之觸也。若觸在手。頭不應知。觸若在頭。則不待手觸。若頭手皆有觸。則有二知。應有二身。若頭手是一。則不成觸。若頭手二體。則觸無定在。是知覺觸與身俱無處所。二俱虛妄。此以自手觸身。故一體二體以辯。畢竟無體。則本如來藏矣。

△六會法處

阿難。汝常意中。所緣善惡無記三性。生成法則。此法爲復即心所生。爲當離心。別有方所。阿難。若即心者。法則非塵。蓋法已是心則非塵矣既非心所緣。云何成處。若離於心。別有方所。則法自性。爲知非知。知則名心。異汝非塵。同他心量。若有知而又異汝則非汝之法塵應同他心量矣即汝即心。若有知而即汝之塵乃即汝之心矣云何汝心。更二於汝。若異汝而非知者。此塵既非色聲香味。離合冷煖。及虛空相。當於何在。今於色空。都無表示。不應人間。更有空外。縱許空外則心非所緣。處從誰立。是故當知法則與心。俱無處所。則意與法。二俱虛妄。本非因緣。非自然性。

議曰。此會法處也。約法塵以辯。以意中所緣善惡無記三性。生成法則。名為法塵。以此法塵。唯意識所變。故即心離心推之。若此法塵即心而有。法則是心而非塵矣。既非法塵。則非汝心所緣之塵矣。云何成處耶。此言即心而有者妄矣。若此法塵離心而有。必別有方所。若有方所。則法自性為有知耶。是無知耶。若知則非塵。當名汝之心矣。若有知而又異於汝。則非是汝之法塵。應同他人之心量矣。且異汝而又有知。而言即是汝之塵。即是汝之心。故云即汝即心。斯則云何汝心更二於汝耶。此則異汝而言有知者非也。若異汝而非知。將為汝之法塵者。此塵既非色聲香味離合冷煖之實法。又不同於虛空。畢竟當何所在耶。此言離心而非知者妄矣。今於色空求之。都無表示。不應人間更有空外而為汝之法塵也。此喻五塵之外別有法塵也。縱許法外有法。則非汝心所緣之境矣。處從誰立耶。以此觀之。都無實體。一切總非。則空如來藏之義於是乎顯矣。

◎四會十八界 ◇ 初會眼識界

復次阿難。云何十八界。本如來藏妙眞如性。阿難。如汝所明。眼色爲緣。生於眼識。此識爲復因眼所生。以眼爲界。因色所生。以色爲界。阿難。若因眼生。既無色空。無可分別。縱有汝識。欲將何用。汝見又非青黃赤白。無所表示。從何立界。若因色生。空無色時。汝識應滅。云何識知是虛空性。若色變時。汝亦識其色相遷變。汝識不遷。界從何立。若從色變則識亦變。界相自無。不變則恆。既從色生。應不識知虛空所在。若兼二種。眼色共生。合則中離。離則兩合。體性雜亂。云何成界。是故當知眼色爲緣。生眼識界。三處都無。則眼與色及色界三。本非因緣。非自然性。

議曰。此徵會十八界也。以根塵和合。識生其中。故就根塵以辯識無體。前後辯法。要顯無生之義。中論云。諸法不自生。亦不從他生。不共不無因。是故說無生。從根生。自生也。從色生。他生也。根塵合生。共生也。虛空生。無因生也。此四生法前後間出。總顯無生之義。所謂不生滅性即如來藏矣。

△二會耳識界

阿難。又汝所明。耳聲爲緣。生於耳識。此識爲復因耳所生。以耳爲界。因聲所生。以聲爲界。阿難。若因耳生。動靜二相既不現前。根不成知。必無所知。知。既無所知之境亦無能知之根 知尚無成。識何形貌。

知根尚且無成所生之識作何形貌若取耳聞。無動靜故。聞無所成。聞性尚且無成云何耳形。雜色觸塵。名爲識界。既無動靜又無耳根則耳識界。復從誰立。若生於聲。識因聲有。則不關聞。無聞則亡聲相所在。識從聲生。若此識果從聲生許聲因聞而有聲相。是則識已被聞聞應聞識。不是聞聲矣不聞非界。聞則同聲。識已被聞。誰知聞識。若無知者。終如草木。不應聲聞雜成中界。根塵既雜則中界不成界無中位。則內外相復從何成。是故當知耳聲爲緣。生耳識界。三處都無。則耳與聲。及聲界三。本非因緣。非自然性。

議曰。此會耳識界也。耳聞聲塵。故約動靜以辯。若因耳生下。約根以辯。若耳識但因耳生。何假動靜。若無動靜。則根不成知。必無所知之境。亦無能知之根。知根尚且無成。而所生之識作何形貌。若取耳聞為根。無動靜時。則聞亦無成。聞性尚且無成。豈有耳形雜色觸塵便為耳識界耶。既無動靜。又無耳根。則耳識界復從誰立。此計因耳生識者妄矣。若生於聲下。約境以辯。若耳識因聲而生。則此識因聲而有。既因聲有。則不關汝聞性矣。若聞既是聲。則有聞便有聲。無聞則無聲相所在矣。若果識從聲生。又許此聲因聞而有聲相。是則識已被聞。識既被聞。則聞聲應是聞識。不是聞聲矣。若不聞識。又非聲界。若是聞識。則識已同聲。識既同聲。已被聞矣。將誰又知聞識耶。若無知者。則終如草木矣。此計因聲生識者妄矣。不應聲塵與聞根共處雜成中界。此破共生也。反覆推之。根塵無體。而識界竟從何立。識界既空。則本如來藏矣。

︽ 三會鼻識界

阿難。又汝所明。鼻香爲緣。生於鼻識。此識爲復因鼻所生。以鼻爲界。因香所生。以香爲界。阿難。若因鼻生。則汝心中。以何爲鼻。爲取肉形雙爪之相。爲取齅知動搖之性。若取肉形。肉質乃身。身知即觸。名身非鼻。名觸即塵。(觸即身塵不名鼻識)鼻尚無名。云何立界。若取齅知。(若以知性為鼻)又汝心中以何爲知。以肉爲知。則肉之知。元觸非鼻。以空爲知。空則自知。肉應非覺。如是則應虛空是汝。汝身非知。今日阿難。應無所在。(知性尚無將何為鼻鼻根尚無又從何而生識耶)以香爲知。知自屬香。何預於汝。若香臭氣。必生汝鼻。則彼香臭二種流氣。不生伊蘭。及栴檀木。二物不來。汝自齅鼻。爲香爲臭。臭則非香。香應非臭。若香臭二俱能聞者。則汝一人。應有兩鼻。對我問道。有二阿難。誰爲汝體。若鼻是一。香臭無二。臭既爲香。香復成臭。二性不有。（香尚無體）界從誰立。若因香生。識因香有。（香即是識）如眼有見。不能觀眼。因香有故。應不知香。知即非生。不知非識。（若不知香即非鼻識）香非知有。香界不成。識不知香。因界則非從香建立。既無中間。（之識）不成內外。（根境）彼諸聞性。畢竟虛妄。是故當知鼻香爲緣。生鼻識界。三處都無。則鼻與香。及香界三。本非因緣。非自然性。

議曰。此會鼻識界也。辯識界文。皆約根塵。獨此一段有齅知之性。

以從鼻形兼齅知性雙辯無體也。謂若鼻識因鼻而生。先審以何為鼻。是取肉形之相耶。為取齅知之性耶。若取肉形。則肉質乃身也。若身知香。名身則非鼻。名觸即是身塵。而鼻尚無名。云何立界。此計從肉鼻生者妄矣。若取齅知之性以為鼻者。則汝心中以何為知耶。若以肉為知。則是肉之知。元是身觸。非鼻識也。若以空為知。則虛空是汝。而汝身非知。則阿難應無所在矣。此則知性尚無。將何為鼻。此計以知為鼻者妄矣。若以香為知。則知自屬香。何預於汝。若香臭氣必生汝鼻。則香臭不生伊蘭及栴檀矣。二物不來。汝自齅鼻為香為臭。若香臭齊聞。則有兩鼻。若鼻是一。而香臭無二。臭既為香。香復成臭。二性不有。則香尚無體。知從誰立。知尚無體。識從何生。此計香為知者妄矣。若因香生下。約境以辯。若鼻識因香而生。則此識亦因香有。香即是識。如眼不見眼。既因香有。則識已是香。應不更知香矣。若又知香。即非從香生矣。若不知香。則非鼻識矣。若香不待知而有。則香界不成。若識不知香。而因界則非從香建立矣。此計從香生識者妄矣。既無中間。則內外不成。而聞香之識畢竟虛妄。三處都無。而識自無體。無生之義於茲顯矣。

△四會舌識界

阿難。又汝所明。舌味爲緣。生於舌識。此識爲復因舌所生。以舌爲界。因味所生。以味爲界。阿難。若因舌生。則諸世間。甘蔗。烏梅。黃連。石鹽。細辛。薑桂。都無有味。汝自嘗舌。爲甜爲苦。

若舌性苦。誰來嘗舌。舌不自嘗。孰爲知覺。舌性非苦。味自不生。云何立界。若因味生。識自爲味。同於舌根。應不自嘗。云何識知是味非味。又一切味。非一物生。味既多生。識應多體。識體若一。體必味生。鹹淡甘辛。和合俱生。諸變異相。同爲一味。應無分別。分別既無。則不名識。云何復名舌味識界。不應虛空生汝心識。舌味和合。根塵共生即於是中元無自性。云何界生。是故當知舌味爲緣。生舌識界。三處都無。則舌與味。及舌界三。本非因緣。非自然性。

議曰。此會舌識界也。若因舌生。下約根以辯此識。若因舌生。何假眾味而顯也。若無眾味。當自嘗舌為甜為苦。若舌成味。誰來嘗舌。

舌不自嘗。誰為知覺。舌性非苦。味自不生。此計從舌生識者妄矣。若因味生。下約境以辯。此識若因味生。則識自為味。同於舌根。舌不自嘗。云何識知是味非味。又味非一物。則識應多體。若識體是一。而識從味生。則識一而多味通成一味。應無分別矣。既無分別。何名舌識耶。此計從味生識者妄矣。根塵無體。不應虛空生汝識也。若舌與味和合共生。即於是中元無自性矣。從根生。自生也。從味生。他生也。和合。共生也。從空生。無因生也。前後皆據此義以顯無生。獨此段文最顯。微細推窮。三處都無。了無自體。本如來藏矣。

《 五會身識界

阿難。又汝所明。身觸爲緣。生於身識。此識爲復因身所生。以

身爲界。因觸所生。以觸爲界。阿難。若因身生。必無合離二覺觀緣。身何所識。若因觸生。必無汝身。誰有非身知合離者。阿難。物不觸知。物不因觸而有知 身知有觸。身因有知而即有觸 知身即觸。身知即因觸而顯 知觸即身。知觸即因身而顯是則身觸不相離也 即觸非身。若即觸則非身矣 即身非觸。若即身則非觸矣 身觸二相。元無處所。合身即爲身自體性。觸若合身即為身自體而非觸矣 離身即是虛空等相。觸若離身即是虛空 內外不成。中云何立。中不復立。內外性空。則汝識生。從誰立界。是故當知身觸爲緣。生身識界。三處都無。則身與觸。及身界三。本非因緣。非自然性。

議曰。此會身識界也。若因身生。下。約根以辯。此識若從身生。必無合離二緣。則身何所識耶。是識不從身生也。若因觸生。下。約境以辯。此識若因觸塵而生。是則但有觸而無身矣。豈有非身而知合離者。且物不因觸而有知。身因有知而即有觸。知身則因觸而顯。知觸即因身而顯。是則身觸不相離也。若即觸則非身矣。若即身則非觸矣。然則身觸二相元無處所。若觸合身。即為身自體而非觸矣。若觸離身。即是虛空相矣。內外性空。則識從何以立界耶。一切無性。而無生之義顯矣。

︽六會意識界

阿難。又汝所明。意法爲緣。生於意識。此識爲復因意所生。以意爲界。因法所生。以法爲界。阿難。若因意生。於汝意中。必有所思。發明汝意。若無前法。意無所生。離緣無形。識將何用。又汝識心。與諸思量。兼了別性。爲同爲異。同意即意。云何所生。異意不同。應無所識。若無所識。云何意生。若有所識。云何識意。唯同與異。二性無成。界云何立。若因法生。世間諸法。不離五塵。汝觀色法。及諸聲法。香法味法。及與觸法。相狀分明。以對五根。非意所攝。汝識決定依於法生。今汝諦觀。法法何狀。若離色空。動靜。通塞。合離。生滅。越此諸相。終無所得。生則色空諸法等生。滅則色空諸法等滅。所因既無。因生有識。作何形相。相狀不有。界云何生。是故當知意法爲緣。生意識界。三處都無。則意與法。及意界三。本非因緣。非自然性。

議曰。此會意識界也。意根約法塵以辯意識無體。謂意識若從意根而生。然於根中必有所思之法塵。方發明是汝之意根。若無法塵。則意根尚無。必無所生之識矣。若離所緣之法塵。則根亦無形。縱有汝識將何所用。以無可分別故。此約根塵既無。則識亦無體矣。下約同異以辯根識。又汝識心。指意識也。與諸思量。指七識意根也。此二兼有了別性。此識與根為同為異。同意即但是根。云何而為所生之識耶。若異意根。則不同意。應無所知之識。云何說名意根所生之識耶。若異意而又有知識。即名意根矣。云何意根而又識意根耶。且同異二妄。尚無體性。而界云何立耶。此計從根生識者妄矣。下約塵辯。此識若因法塵而生。然世間諸法。不離五塵。分明以對五根。都有相狀。皆非意所攝。今汝諦觀法塵之法作何相狀。以法塵乃五塵謝落之影子。故約五塵對辯無體。五塵乃色空動靜通塞合離生滅也。越此諸相。終無所得。是則生但諸法等生。滅但諸法等滅。所因之法既無。則因生之識作何形相耶。此計從塵生識者妄矣。根塵既空。識界何有。則當下無生。藏性顯矣。從初卷阿難啟請妙奢摩他以來至此。始則破妄顯真。次則會妄歸真。而所顯之理從淺至深。總該四時所說之教。初徵心辯見以破身見。阿含教義也。破見分識精方等教義也。五蘊三科會歸藏性。根塵識界一一本空。般若教義也。本如來藏妙真如性。則法法全真。通歸實相。法華終教義也。若下文七大徧周。一一圓融周徧法界。則引歸華嚴理事無礙法界。總顯三諦圓融空如來藏性。以為空觀之體。所謂融會入於如來妙莊嚴海。此通途之大旨也。按理而推。是豈可局於時哉。

上會三科以顯即事即理竟

△二會七大以顯事理無礙分五

◎初當機疑請

阿難白佛言。世尊。如來常說和合因緣。一切世間種種變化。皆因四大和合發明。云何如來。因緣自然。二俱排擯。我今不知斯義所屬。惟垂哀愍。開示衆生。中道了義。無戲論法。

議曰。如來一往開示。可謂理極情忘。而阿難猶執常談因緣自然為疑者。豈阿難顓愚至此耶。蓋理有未盡。故疑有未決。所以示同未悟耳。當機以中道之義為請。而此判屬空藏者。所謂一空一切空。無假無中無不空也。

◎二許說誡聽

爾時世尊告阿難言。汝先厭離聲聞緣覺諸小乘法。發心勤求無上菩提。故我今時。爲汝開示第一義諦。如何復將世間戲論。妄想因緣。而自纏繞。汝雖多聞。如說藥人。眞藥現前。不能分別。如來說爲眞可憐愍。汝今諦聽。吾當爲汝分別開示。亦令當來修大乘者。通達實相。阿難默然。承佛聖旨。

議曰。佛謂阿難厭離小乘。勤求大法。已為開示第一義諦矣。而猶自妄想纏繞。良由一向多聞。久執名言。未有真修。如說藥人。真藥現前。不能分別也。

◎三總出妄計

阿難。如汝所言。四大和合。發明世間種種變化。阿難。若彼大性。體非和合。則不能與諸大雜和。猶如虛空。不和諸色。若和合者。同於變化。始終相成。生滅相續。生死死生。生生死死。如旋火輪。未有休息。

◎四特示一源

阿難。如水成冰。冰還成水。

議曰。此總答問義也。阿難執謂四大和合發明世間種種變化。以不達性真圓融周徧之理。妄計和合。佛言大性若不和合。則不能與諸大雜和。猶如虛空。不和諸色。若和合者。則同於變化。生滅相續。生生死死。未有休息。是則不可言和合非和合也。若了真妄一體。如水成冰。冰還成水。則一切妄計。當下情忘矣。

◎五徧示大性分七　　︽初示地大

汝觀地性。麤爲大地。細爲微塵。至鄰虛塵。析彼極微色邊際相七分所成。更析鄰虛。即實空性。阿難。若此鄰虛析成虛空。當知虛空。出生色相。汝今問言。由和合故。出生世間諸變化相。汝且觀此一鄰虛塵。用幾虛空。和合而有。不應鄰虛合成鄰虛。又鄰虛塵。析入空者。用幾色相。合成虛空。若色合時。合色非空。若空合時。合空非色。色猶可析。空云何合。汝元不知如來藏中。性色眞空。性空眞色。清淨本然。周徧法界。隨衆生心。應所知量。循業發現。世間無知。惑爲因緣。及自然性。皆是識心分別計度。但有言說。都無實義。

議曰。此示地大周徧也。意約體空以示性真。且此地大乃積微塵所成者。故析微塵以至鄰虛。析鄰虛以成虛空。由是而知虛空出生色相。而地大之體本空也。若言和合而成大地。此鄰虛塵用幾虛空和合而有。以鄰虛極微。乃地大之始也。若析鄰虛而為虛空。當用幾色相以合成虛空耶。若合色則非空。若合空則非色。色可析而空不可合。此計四大和合發明者妄矣。此地大體。汝元不知如來藏中循業發現。本非和合而有也。若了循業發現。則性真周徧。之義顯矣。

△二示火大

阿難。火性無我。寄於諸緣。汝觀城中未食之家。欲炊爨時。手執陽燧。日前求火。阿難。名和合者。如我與汝一千二百五十比丘。今爲一衆。衆雖爲一。詰其根本。各各有身。皆有所生氏族名字。如舍利弗。婆羅門種。優樓頻螺。迦葉波種。乃至阿難。瞿曇種姓。阿難。若此火性。因和合有。彼手執鏡於日求火。此火爲從鏡中而出。爲從艾出。爲於日來。阿難。若日來者。自能燒汝手中之艾。來處林木。皆應受焚。若鏡中出。自能於鏡出然於艾。鏡何不鎔。紆汝手執。尚無熱相。云何融泮。若生於艾。

何藉日鏡光明相接。然後火生。汝又諦觀。鏡因手執。日從天來。艾本地生。火從何方遊歷於此。日鏡相遠。非和非合。不應火光。無從自有。汝猶不知如來藏中。性火眞空。性空眞火。清淨本然。周徧法界。隨衆生心。應所知量。阿難。當知世人一處執鏡。一處火生。徧法界執。滿世間起。起徧世間。寧有方所。循業發現。世間無知。惑爲因緣。及自然性。皆是識心分別計度。但有言說。都無實義。

議曰。此示火大周徧也。以手執鏡。於日求火。諦觀此火不從日來。不從鏡出。不從艾生。又非無從自有。則非非和合明矣。汝猶不知如來藏中周徧法界。而性火眞空本然周徧。故一處求火。一處火生。

若徧界求。則滿世間起。足知循業發現之義矣。

△三示水大

阿難。水性不定。流息無恆。如室羅城。迦毗羅仙。斫迦羅仙。及鉢頭摩訶薩多等。諸大幻師。求太陰精。用和幻藥。是諸師等。於白月晝。手執方諸。承月中水。此水爲復從珠中出。空中自有。爲從月來。阿難。若從月來。尚能遠方令珠出水。所經林木。皆應吐流。流則何待方珠所出。不流。明水非從月降。若從珠出。則此珠中常應流水。何待中宵承白月晝。若從空生。空性無邊。水當無際。從人洎天。皆同滔溺。云何復有水陸空行。汝更諦觀。月從天陟。珠因手持。承珠水盤。本人敷設。水從何方流注於此。月珠相遠。非和非合。不應水精。無從自有。汝尚不知如來藏中。性水眞空。性空眞水。清淨本然。周徧法界。隨衆生心。應所知量。一處執珠。一處水出。徧法界執。滿法界生。生滿世間。寧有方所。循業發現。世間無知。惑爲因緣。及自然性。皆是識心分別計度。但有言說。都無實義。

議曰。此示水大周徧也。方諸。水精珠也。但觀幻師以方諸求水。此水不從珠出。不從月來。不從空出。又非無從自有。汝尚不知如來藏中性水真空。本然周徧。元非和合。徧法界求。滿法界生。則循業發現可知矣。

︽四示風大

阿難。風性無體。動靜不常。汝常整衣入於大衆。僧伽梨角。動及傍人。則有微風拂彼人面。此風爲復出袈裟角。發於虛空。生彼人面。阿難。此風若復出袈裟角。汝乃披風。其衣飛搖。應離汝體。我今說法會中垂衣。汝看我衣。風何所在。不應衣中有藏風地。若生虛空。汝衣不動。何因無拂。空性常住。風應常生。若無風時。虛空當滅。滅風可見。滅空何狀。若有生滅。不名虛空。名爲虛空。云何風出。若風自生被拂之面。從彼面生。當應拂汝。自汝整衣。云何倒拂。汝審諦觀。整衣在汝。面屬彼人。虛空寂然。不參流動。風自誰方鼓動來此。風空性隔。非和非合。不應風性。無從自有。汝宛不知如來藏中。性風眞空。性空眞風。清淨本然。周徧法界。隨衆生心。應所知量。阿難。如汝一人微動服衣。有微風出。徧法界拂。滿國土生。周徧世間。寧有方所。循業發現。世間無知惑爲因緣。及自然性。皆是識心分別計度。但有言說。都無實義。

議曰。此示風大周徧也。風體難言。故借整衣有風拂彼人面以辯性空。此如來妙辯最可思也。因整伽梨。則有微風拂彼人面。此風為復出於袈裟。為發於空。為生彼人面。若出於袈裟。則汝披風。衣當飛搖而去矣。豈我衣中有藏風地耶。若生於空。空性常住而風亦常生。風滅而空亦當滅。若有生滅。非虛空矣。若風自生被拂人面。既從彼面而生。則當拂汝。云何彼人倒拂耶。三處無體。豈成和合。汝宛不知如來藏中性風真空。本然周徧。寧有方所。循業發現。

非識心計度可知也。

△五示空大

阿難。空性無形。因色顯發。如室羅城。去河遙處。諸剎利種。及婆羅門。毗舍。首陀。兼頗羅墮。旃陀羅等。新立安居。鑿井求水。出土一尺。於中則有一尺虛空。如是乃至出土一丈。中間還得一丈虛空。虛空淺深。隨出多少。此空爲當因土所出。因鑿所有。無因自生。阿難。若復此空。無因自生。未鑿土前。何不無礙。唯見大地。迥無通達。若因土出。則土出時。應見空入。若土先出。無空入者。云何虛空因土而出。若無出入。則應空土元無異因。無異則同。則土出時。空何不出。若因鑿出。則鑿出空。應非出土。不應鑿出。鑿自出土。云何見空。汝更審諦。諦審諦觀。鑿從人手。隨方運轉。土因地移。如是虛空。因何所出。鑿空虛實。不相爲用。非和非合。不應虛空。無從自出。若此虛空性圓周徧。本不動搖。當知現前地水火風。均名五大。性眞圓融。皆如來藏。本無生滅。阿難。汝心昏迷。不悟四大。元如來藏。當觀虛空。爲出爲入。爲非出入。汝全不知如來藏中。性覺眞空。性空眞覺。清淨本然。周徧法界。隨衆生心。應所知量。阿難。如一井空。空生一井。十方虛空。亦復如是。圓滿十方。寧有方所。循業發現。世間無知。惑爲因緣。及自然性。皆是識心分別計度。但有言說。都無實義。

議曰。此示空大周徧也。虛空因色而顯。以空是色之體。故假鑿井以發明之。虛空融貫大地。但見色礙而不見空。因鑿井出空。則知虛空無處不徧矣。故曰喻如虛空。徧至一切色非色處。今觀鑿井之空。不因土出。不因鑿出。又非無因。若了此虛空性圓周徧。則知現前地水火風均名五大。性真圓融。本如來藏。循業發現矣。豈以因緣自然而計度哉。

此虛空并前四大。皆八識之相分。

△六示見大

阿難。見覺無知。因色空有。如汝今者在祇陀林。朝明夕昏。設居中宵。白月則光。黑月便暗。則明暗等。因見分析。此見爲復與明暗相。并太虛空。爲同一體。爲非一體。或同非同。或異非異。阿難。此見若復與明與暗。及與虛空。元一體者。則明與暗。二體相亡。暗時無明。明時無暗。若與暗一。明則見亡。必一於明。暗時當滅。滅則云何見明見暗。若明暗殊。見無生滅。一云何成。若此見精。與暗與明。非一體者。汝離明暗及與虛空。分析見元。作何形相。離明離暗及離虛空。是見元同龜毛兔角。明暗虛空。三事俱異。從何立見。明暗相背。云何或同。離三元無。云何或異。分空分見。本無邊畔。云何非同。見暗見明。性非遷改。云何非異。汝更細審。微細審詳。審諦審觀。明從太陽。

暗隨黑月。通屬虛空。壅歸大地。如是見精。因何所出。見覺空頑。非和非合。不應見精。無從自出。若見聞知。性圓周徧。本不動搖。當知無邊不動虛空。并其動搖地水火風。均名六大。性眞圓融。皆如來藏。本無生滅。阿難。汝性沉淪。不悟汝之見聞覺知。本如來藏。汝當觀此見聞覺知。爲生爲滅。爲同爲異。爲非生滅。爲非同異。汝曾不知如來藏中。性見覺明。覺精明見。清淨本然。周徧法界。隨衆生心。應所知量。如一見根。見周法界。聽齅嘗觸。覺觸覺知。妙德瑩然。徧周法界。圓滿十虛。寗有方所。循業發現。世間無知。惑爲因緣。及自然性。皆是識心分別計度。但有言說。都無實義。

議曰。此示見大周徧也。見大。乃八識之見分。亦名見精。無知者。以此見元是妙明之智光。本無對待。今迷而為妄見。因對色空之妄境。遂形了別。以本無所知。故約明暗虛空一異以破。若一。則既一於明而不到暗。必一於暗而不到明。兩不相到。則不能雙見明暗矣。若異。則離於虛空明暗之外。別求此見形相而不可得。異此三處。從何立見。且明暗相背。難言或同。離三無體。難言或異。空見不分。難言非同。明暗遷而性不改。難言非異。況見有知而空頑無知。非和合矣。又非無從而有。畢竟無體。則見性本空。若見聞知性圓周徧本不動搖。則知虛空并其四大。性真圓融。皆如來藏不生不滅性矣。汝曾不知如來藏中性見覺明。本然周徧。但隨眾生心量循業發現耳。豈可以因緣自然計之哉。

△七示識大

阿難。識性無源。因於六種根塵妄出。汝今徧觀此會聖衆。用目循歷。其目周視。但如鏡中。無別分析。汝識於中次第標指。此是文殊。此富樓那。此目犍連。此須菩提。此舍利弗。此識了知。爲生於見。爲生於相。爲生虛空。爲無所因突然而出。阿難。若汝識性。生於見中。如無明暗及與色空。四種必無。元無汝見。見性尚無。從何發識。若汝識性生於相中。不從見生。既不見明。亦不見暗。明暗不矚。即無色空。彼相尚無。識從何發。若生於空。非相非見。非見無辯。自不能知明暗色空。非相滅緣。見聞覺知。無處安立。處此二非。空則同無。有非同物。縱發汝識。欲何分別。若無所因。突然而出。何不日中。別識明月。汝更細詳。微細詳審。見託汝睛。相推前境。可狀成有。不相成無。如是識緣。因何所出。識動見澄。非和非合。聞聽覺知。亦復如是。不應識緣。無從自出。若此識心。本無所從。當知了別見聞覺知。圓滿湛然。性非從所。兼彼虛空地水火風。均名七大。性眞圓融。皆如來藏。本無生滅。阿難。汝心麤浮。不悟見聞發明了知。本如來藏。汝應觀此六處識心。爲同爲異。爲空爲有。爲非同異。爲非空有。汝元不知如來藏中。性識明知。覺明眞識。妙覺湛然。徧周法界。含吐十虛。寧有方所。循業發現。世間無知。惑爲因緣。及自然性。皆是識心分別計度。但有言說。都無實義。

議曰。此示識大周徧也。識性無源。因於六種根塵妄出。故約見相二分以破。八識假見分七識為根。以親相分為境。離此二分。則識性本空。故曰識從何發。若生於空。則非相非見。若非見。則瞢然無辯。若非相。則無前緣。而見聞覺知無處安立矣。若言是空。則同於無。若言是有。又不同物。亦非無因突然而出。若此識心本無所從。則知了別見聞覺知。皆本無從。兼彼虛空地水火風均名七大。性真圓融。皆如來藏。本無生滅矣。汝元不知如來藏中性識明知。覺明真識。妙覺湛然。徧周法界。含吐十虛。循業發現。殊非妄心計度可知也。

上約不生不滅。會妄歸真。以顯真空藏性竟。

已上三科七大。通云會妄歸真。以顯真空藏性。而所顯之理。亦為門不同。按華嚴法界觀門中有四句義。一會色歸空。二明空即是色。三空色無礙。四泯絕無寄。今經三科會歸藏性。正當觀中初句會色歸空。當論中如實空義。今七大之文。一一皆云性真圓融循業發現。即當觀中第二明空即是色。第三空色無礙義。當論中如實不空義。論云。如實不空。謂一切境界悉於中現。不出不入。不失不壞。今以論不空收入此經空藏體者。以論宗楞伽等經。理齊終教。此經引歸性海。帶顯圓融。理該華嚴圓教。故以彼不空入此中空藏者。義顯妙有真空。圓融無礙之空。非遠離一切心境界相之空也。此空藏體。即當華嚴理法界門。四句通收。十門齊會。若約七大色心周徧圓融。則已帶顯觀中理事無礙十門中初二門義。以即真故相徧。由相徧故無礙。以此而觀。足見此經理收五教。是知向下顯不空如來藏。則當華嚴理事無礙法界後八門義。若約毛端現剎。塵裏轉輪。則又帶顯事事無礙法界矣。義顯此經為引攝教。以一切因果攝歸果海故。請觀法界觀文。決無疑矣。

△三當機領悟說偈陳情

爾時阿難。及諸大衆。蒙佛如來微妙開示。身心蕩然。得無罣礙。是諸大衆。各各自知心徧十方。見十方空。如觀手中所持葉物。一切世間諸所有物。皆即菩提妙明元心。心精偏圓。含裹十方。反觀父母所生之身。猶彼十方虛空之中。吹一微塵。若存若亡。如湛巨海流一浮漚。起滅無從。了然自知。獲本妙心。常住不滅。禮佛合掌。得未曾有。於如來前。說偈讚佛。

議曰。此當機領悟也。阿難大眾。初但認蕞爾之身。以為心在身內。今蒙如來微妙開示。則各自知心偏十方矣。向以虛空為大。今悟妙心廣大。故觀十方空如手持葉物耳。向以目前諸物作障。不達唯心所現。今則了一切物皆即妙明真心。此心周偏含裹十方矣。向以祇認父母所生之身為實。而生愛戀。今則反觀此身如十方空中之一塵。湛巨海浮一漚。起滅無從。了不可得矣。一向迷真。但執妄想生滅為心。今則了悟自知獲本妙心。常住不滅矣。自非如來大悲開示。何以一旦超悟至此哉。故說偈陳情讚佛。

妙湛總持不動尊。首楞嚴王世希有。

議曰。初句讚佛。此單讚佛法身。而三身具焉。不必別也。清淨妙法身。湛然應一切。故曰妙湛。以此法身為諸法體。三德具足。故曰總持。佛身充滿於法界。普現一切羣生前。隨緣赴感靡不周。而恆處此菩提座。故曰不動。舉一體而具三身。故為聖中尊。所以單讚法身者。以阿難最初但見如來三十二相。心生愛樂。故從佛出家。以所見之佛不真。而所發之心亦是妄想。今既蒙開示。妙悟自心。乃見佛法身。故此特讚。此句有以三觀配之者。若言法身。則無不具矣。次句讚法。阿難初請妙奢摩他三摩禪那。佛許云有三摩提名大佛頂首楞嚴王。從前一往破妄顯真。以極一心之源。通顯大定之空體。圓融三諦。總合真空。已悟此定體。故讚此法為世希有。

銷我億劫顛倒想。不歷僧祇獲法身。

議曰。此二句通陳獲益也。從前所徵破者。而佛呵云皆由執此顛倒妄想誤為真實。今皆了悟。盡淨消除。以前但認幻妄身心。今悟即此五蘊而頓獲法身。不須更歷僧祇。乃呈悟獲益之速也。正所謂狂心不歇。歇即菩提。勝淨明心。本周法界。不從人得。何藉劬勞肯綮修證也。

願今得果成寶王。還度如是恆沙衆。將此深心奉塵刹。是則

名爲報佛恩。

議曰。此陳願也。初句已悟法身。則成佛不遠。依此修行。則聖果可期。小乘一向未有成佛之心。今自信己心。乃上求佛果也。次句謂下化衆生也。小乘一向不肯利生。今悟無心外之衆生。故願度恆沙之衆也。上求下化。是謂深心。將此深心以奉多佛。所感佛恩而無可報者。唯此利生可報耳。

伏請世尊爲證明。五濁惡世誓先入。如一衆生未成佛。終不於此取泥洹。

議曰。此請佛加被以成大願也。五濁惡世難入。而今誓入。仗如來加被。庶遠魔事。故請證明。誓願度盡衆生。方成佛道。此大願也。四十年來。小乘一向未有發此願也。

大雄大力大慈悲。希更審除微細惑。令我早登無上覺。於十方界坐道場。

議曰。此請益也。阿難雖悟法身。但初見道而已。猶有無明微細結惑。深密難斷。非己智可知。必仗雄猛慈悲之力。方能破除。故請佛審諦。一一破除。此惑一盡。則成佛不遠。故曰早登。意欲速證菩提。於十方現坐道場也。

舜若多性可銷亡。爍迦羅心無動轉。

議曰。此誓不退堅固心也。舜若多此云虛空。爍迦羅。此云堅固。意謂虛空無形。可使銷亡。而我願力堅固之心。永無動轉。此非大定之力。何以有此願力哉。

前開空如來藏竟

大佛頂如來密因修證了義諸菩薩萬行首楞嚴經通議卷第三

大佛頂如來密因修證了義諸菩薩萬行首楞嚴經通議卷第四

唐天竺沙門般剌密帝譯
烏萇國沙門彌伽釋迦譯語
菩薩戒弟子清河房融筆受
明南嶽沙門憨山釋德清述

◉二開不空如來藏以示假觀之體分三

㈠初當機疑請

爾時富樓那彌多羅尼子。在大衆中。即從座起。偏袒右肩右膝著地。合掌恭敬。而白佛言。大威德世尊。善爲衆生敷演如來第一義諦。世尊常推說法人中。我爲第一。今聞如來微妙法音。猶如聾人。逾百步外。聆於蚊蚋。本所不見。何況得聞。佛雖宣明。令我除惑。今猶未詳斯義究竟無疑惑地。世尊。如阿難輩。雖則開悟。習漏未除。我等會中登無漏者。雖盡諸漏。今聞如來所說法音。尚紆疑悔。

議曰。將顯不空藏性。滿慈示疑以請。深窮生起之由。故有忽生之問。此先敘疑也。阿難以多聞無功。故發啟斯教。從前開示。業已了悟法身。自信成佛無疑矣。而滿慈素推說法第一。既同聞開示。尚未至無疑之地。足見此法非口耳所能入也。

◎二正述疑情分二　◎初疑真不容妄

世尊。若復世間一切根塵陰處界等。皆如來藏清淨本然。云何忽生山河大地諸有爲相。次第遷流。終而復始。

◇二疑四大相陵

又如來說地水火風。本性圓融。周徧法界。湛然常住。世尊。若地性徧。云何容水。水性周徧。火則不生。復云何明水火二性俱徧虛空。不相陵滅。世尊。地性障礙。空性虛通。云何二俱周徧法界。而我不知是義攸往。惟願如來。宣流大慈。開我迷雲。及諸大衆。作是語已。五體投地。欽渴如來無上慈誨。

議曰。此呈疑致問也。滿慈因前佛說根塵識界。既皆如來藏性清淨本然。云何忽生山河大地諸有為相耶。是不知世界眾生生起之由也。又聞七大偏周。而地水火風齊偏法界。且水火相陵。地空相奪。云何一一周偏耶。是不悟性真圓融之理也。此問徹底窮源。非如來一切種智。何以能究本始之因哉。

㊁三世尊竅啟分五　㊀初許說誡聽

爾時世尊告富樓那。及諸會中漏盡無學諸阿羅漢。如來今日。普為此會。宣勝義中。眞勝義性。今汝會中定性聲聞。及諸一切未得二空。迴向上乘阿羅漢等。皆獲一乘寂滅場地。眞阿練若。正修行處。汝今諦聽。當為汝說。富樓那等。欽佛法音。默然承聽。

議曰。此許說也。勝義中真勝義性。成識論勝義有四。一世間勝義。

謂蘊處界等。二道理勝義。謂四諦法。三證得勝義。謂二空真如。四勝義勝義。謂一真法界。此後正窮法界緣起。故說勝義中真勝義性也。阿練若。此云寂滅處。華嚴說菩提場為阿蘭若處。是所謂一乘寂滅場也。以法界性為本修因。故是正修行處。下顯不空。空不空。二種如來藏性。帶顯圓融法界。故佛許說。意有所歸也。

◎二示妄依真起分五

△初立一心為迷悟之本

佛言。富樓那。如汝所言。清淨本然。云何忽生山河大地。汝常不聞如來宣說。性覺妙明。本覺明妙。富樓那言。唯然。世尊。我常聞佛宣說斯義。

△二雙詰二門為生起之因

佛言。汝稱覺明。爲復性明。稱名爲覺。（詰心真如門）**爲覺不明。稱爲明覺。**（詰心生滅門）

議曰。此兩詰妄源。以示生起之由也。滿慈問如來藏既清淨本然。則了無諸相矣。云何於清淨界中忽生此物耶。忽生。謂無故而起也。此推車拄壁之問。最難措口。若在宗門。只消一棒一喝。便徹疑情。今教海窮源。不得不溯推其始。故世尊婆心。乃竅啟之。將明妄依真起。故先立一真法界之源。以為迷悟之本。特拈常談性覺妙明本覺明妙二語。雙啟二門。以詰滿慈。謂汝稱曰覺曰明。為是覺性本明。不假明而明之。稱為覺耶。此詰真如門。為是覺性不明。要將明以明之。稱為明覺耶。此詰生滅門。此世尊立定雙關。要引滿慈所明一語。以為造妄之端耳。佛性有三。謂正因。緣因。了因。天然妙性。本自圓成。不借功勛。故名正因。要假知識師緣開發。所謂佛種從緣起。故名緣因。修而後悟。故名了因。此中性覺妙明。正因佛性也。本覺明妙。了因佛性也。以借始覺之功而顯本有。蓋屬修而後成者也。此二佛性。總會一心。故雙舉以立宗本。

△三認妄失真

富樓那言。若此不明。名爲覺者。則無所明。

議曰。佛意要引滿慈所明一語。以啟迷妄之端。而滿慈果認生滅之覺。謂若不假明以明此覺者。則但有其明。而無所明之覺矣。意要必有所明。方為明覺也。

△四生滅門中依無明不覺生三細

佛言。若無所明。則無明覺。有所非覺。無所非明。無明又非覺湛明性（先縱奪遣妨）**性覺必明。**（覺義）**妄爲明覺。**（不覺義）**覺非所明。**（業相）**因明立所。**（現相）**所既妄立。生汝妄能。**（轉相）

議曰。此示生妄之始也。若無所明。則無明覺。此縱辭也。意謂無所明一語。謂若果無所明。則無明覺之妄矣。豈不幸哉。下奪之曰。爭奈有所則非真覺。無所乃非妄明。若絕無本明。又非覺湛明性之真體矣。性覺必明者。謂性覺必定妙明。不須更以明明之。此是本然佛性。當論覺義也。妄為明覺者。謂纔動所明之一念。則將本然覺性妙明失之矣。當論不覺義也。覺非所明。若有所明。則屬無明。此當論三細之業相也。以因此妄明之無明。迷覆絕待之真心。遂形對待之所相。此一所字。則虛空世界眾生之相。已兆於此。故曰因明立所。當現相也。然所相既已妄立。則對待是形。故將本然寂照妙明之智光。轉為能見之妄見。故曰所既妄立。生汝妄能。當轉相也。三細之相。明見於此。

△五境界為緣長六麤分三　◎初總顯六麤

無同異中。熾然成異。明全真起妄 異彼所異。因異立同。同異發明。因此復立無同無異。上總出妄相下正明六麤 如是擾亂。相待生勞。智相 勞久發塵。相續相 自相渾濁。執取計名字相 由是引起塵勞煩惱。起業繫苦相下總結妄相 起為世界。靜成虛空。虛空爲同。世界爲異。彼無同異。眞有爲法。

議曰。此原倒妄之由。以顯六麤相也。無同異中熾然成異者。謂一真法界。常住真心。本無同異之相。以一念妄動。則真如隨緣而有生滅。遂為不覺。成阿賴耶識。由此即有微細三相。而六麤已兆。則世界眾生種種差別之相。炳然現於藏識之中。是則本無同異。而今有之。法爾齊現。故曰熾然。異彼所異下四句。從一所字。以揀迷中之同異。將顯六麤之相也。所異。即熾然成異。謂無明為能異。世界等為所異。今就異中揀有一法。不同所異之世界。乃虛空也。所謂迷妄有虛空。因世界種種差別之異。而立虛空為同。以恆一故。以虛空靜而世界動。動靜發明。則又立一法。為無同無異。乃眾生也。以眾生有色相。不同虛空。有知覺。不同世界。此則迷中從三細現相。而有虛空世界眾生之異相。所謂依空立世界。知覺乃眾生。此一念圓具故。下文佛自釋之也。如是擾亂下。明六麤相也。謂一真法界妙圓心中。湛然常寂。今既迷妄而有世界眾生。於虛空中。動靜相待。擾亂生勞。勞則妄生分別。當麤中智相也。勞久則發塵。勞久。當相續相也。自相渾濁。所謂自心取自心。當執取計名字相也。由是引起塵勞煩惱。業起而苦必隨之。當業繫苦相也。蓋因動念一所字。故於本然清淨界中。妄有山河大地有為遷流之相。由是而生起也。起為世界下。釋上迷中同異之所以。謂上所言同異者。以起而動者為世界。一而靜者為虛空。則彼無同異。恐濫於真。乃指之曰真有為法。是衆生也。此上總明由一迷妄。遂有三細六麤。以成世界衆生業果之相。下示輪迴不斷之義。故別說三種相續之所因。四大互生之所以也。

◎二別示相續分三 △初世界相續

覺明空昧。相待成搖。故有風輪執持世界。因空生搖。堅明立礙。彼金寶者明覺立堅。故有金輪保持國土。堅覺寶成。搖明風出。風金相摩。故有火光為變化性。寶明生潤。火光上蒸。故有水輪含十方界。火騰水降。交發立堅。溼為巨海。乾為洲潬。以是義故。彼大海中。火光常起。彼洲潬中。江河常注。水勢劣火。結為高山。是故山石。擊則成燄。融則成水。土勢劣水。

抽爲草木。是故林藪。遇燒成土。因絞成水。交妄發生。遞相爲種。以是因緣。世界相續。

議曰。此明世界相續之因也。初言因明立所。以所字當現相。指世界眾生等。今言世界乃唯識所變之相分。始因迷妄有虛空。依空立世界。故推覺明之無明。以對頑然之虛空。而為世界生起之本。以空晦暗中。結暗為色。此正結色之始也。以世界乃四大種。正儒家所推先天之五行。謂由無明而成四大之世界。則天地以之而位。由四大而為五行。以生成故。萬物以之而育。然世界即吾人所居之天地。非別有一世界也。說者但於經中約文字以作解。從來未有發明於目前者。故因經文乃設問以明之。不但決二氏之疑。

而吾徒亦知唯識之旨矣。幸無厭其煩。

問。云何而有風輪執持世界耶。答。經云。覺明空昧等。謂由迷一真法界。妙明真心。而為覺明之無明。遂變靈明寂滅之真空。而為無知暗昧之頑空。能所相待。明暗相傾。既久而成妄想。此想鼓動心體。積虛成氣。充滿空中。遂有風相。如虛室生風。又如鼓扇生風也。積想不休。而風力愈大。故曰一切世界。風力所持。又一切世間境界。皆依無明妄心而得住持。故有風輪執持世界。此風大種也。老氏指覺明之無明為道體。故曰。杳杳冥冥。其中有精。又以空體為虛無大道。指此風相為沖氣。故專氣致柔。又曰。天地之間。其猶橐籥乎。此老氏之道源也。儒氏以識神為天命之性。指空大為太極。指此風大為混元一氣。由一氣以生成萬物。是皆不知唯識所變也。故太極圖。黑白相參。然白即覺性。黑即無明。正不生滅與生滅和合成阿賴耶識。為生萬法之始。以此識有三分。而虛空世界。乃相分耳。

問。云何世界而以金寶為體耶。答。經云。因空生搖等。謂由頑空體中。而生搖動妄想之風。返吹藏識體中無知之明覺。一動一靜。生滅不停。相摩相盪。摩盪既久。而明體愈堅。遂結為色。即成相分無知之外色。故曰結暗為色。彼金寶者。乃明覺所成之堅。故寶有光明。以得堅覺之性也。由是故有金輪保持國土。此性色為地大種。指體而言。故曰金寶。以須彌已下。地底為金剛際。此儒家所言。一陰一陽之謂道。以為生天生地之本也。此中空靜也暗幽也。故為陰。搖動也覺。明也。故為陽。故曰動靜有常。剛柔斷矣。此由動靜以成金輪為地大種。即天地初成之始也。以動為乾體。靜為坤體。故形而上者為天。形而下者為地。所謂乾坤成列。而易位乎其中矣。斯則陰陽未形而動靜剛柔已具。所謂先天之易也。問。云何而有火光為變化性耶。答。經云。堅覺寶成等。謂由前堅覺之寶既成。搖明之風既出。二者相對。一剛一柔。相摩相盪。故有火光為變化性。此火大種也。此易所言剛柔相摩而成變化。以形而上者在天成象。為日。乃太陽之火精也。形而下者在地成形為火。乃變化性。謂變生為熟。化有為無。且後天五行。巽為風為木。故鑽木取火。以得先天之性也。此四象中日也。問。云何而有水輪含十方界耶。答。經云。

寶明生潤等。此句文倒。應云火光上蒸寶明生潤。謂由火光上燄。而蒸堅覺之寶。寶被火蒸。故生潤而水出。故有水輪含十方界也。此句經義。極難理會。且寶為地體。何以火蒸而為空中雨露之水耶。以金寶為地體。須彌山亦名金剛山。大論云。須彌山四寶所成。山頂帝釋所居三十二天。是則上界宜乎金剛為地體也。況須彌山形如細腰鼓。是則上界地而覆於下者。亦相若。日月行於山腰。照臨一四天下。足知仰視蒼蒼而碧色者。皆上界寶地之體也。而為下方眾生業火所蒸而生潤。即空中雨露霜雪之類。皆寶所生之水也。是則眾生常居寶界之中。而寶中有水。豈非水輪含十方界耶。此即易所謂形而上者在天成象為月。太陰之精。為星辰形而下者為江河湖海流注之狀此四象具矣。此前因覺明空昧相待而有風金二大。因風金相摩而有火大。因火蒸寶潤而有水大。是則因四大而成天地陰陽日月星辰之四象。此正易經所說太極生兩儀。兩儀生四象。以為八卦之體。故曰。天尊地卑。乾坤定矣。卑高以陳。貴賤位矣。動靜有常。剛柔斷矣。在天成象。在地成形。變化見矣。此上且說天地生成之相。後方說萬物本末之由。以此而推。世界從覺明唯識所變。皎然不爽。予昔遇一梵宿。謂予楞嚴經談五行之妙極精。故刻意而推之。吾徒不可不知也。問。云何而有江河湖海洲潭乾溼流注之狀耶。答。經云。火騰水降等。前言乾坤已成。陰陽既分。而天地位矣。由四大種而為後天之五行。以生成萬物。此火金生水。水火生土也。謂由火光上蒸寶明生潤。故火光上炎。

水勢下降。交合於半空之中。水火既濟。陰陽和而生子。故水火俱堅實而成形。其本源溼性。流為四大海水。其本源火性。遂結成土。大者為洲。小者為潬。故有四大部洲。諸小洲等。以是義故。水含父之性。故海中火光常起。土得母之性。故洲潬中江河常注也。以水火乃稱性之水火。故在天成象。有日月星辰。在地成形。有江河湖海。四大部洲之狀。故云變化見矣。此交發立堅。以水火相敵。乃水火既濟。謂相生也。下水勢劣火。故有山石草木。乃相剋以成物也。問。云何而有山川高下不平耶。答。經云。水勢劣火等。以前水火既濟而勢相敵。故為洲為海。今水火未濟。水勢劣火。勢不相敵。而火上炎。遂結為高山巨石。以其受父之性。故山石擊則成燄。得母之性。故融則成水。即今石中有火。山頂有水。石根多潤。類可見矣。此猶屬先天性火。但性不相敵。故成有形之山石耳。問。云何而有草木之類耶。答。經云。土勢劣水等。此五行水土生木也。以其受父之氣分。故林藪遇燒成土也。以其受母之氣分。故草木遇絞成水也。由覺明空昧二妄。而為四大之種。遂成天地日月。四大部洲。江河湖海。山川草木。而一氣流行。陰陽錯綜。五行相生。八卦流變。至六十四。故易卦始於乾坤而終於既濟未濟也。故曰交妄發生。遞相為種。以是因緣世界相續也。昔大慧禪師云。楞嚴世界相續說五行極詳。舉此示眾。但未細分別耳。

㕛 二明眾生相續

復次富樓那。明妄非他。覺明爲咎。所妄既立。明理不踰。以是因緣。聽不出聲。見不超色。色香味觸。六妄成就。由是分開見覺聞知。同業相纏。合離成化。見明色發。明見想成。異見成憎。同想成愛。流愛爲種。納想爲胎。交遘發生。吸引同業。故有因緣。生羯羅藍遏蒱曇等。胎卵溼化。隨其所應。卵唯想生。胎因情有。溼以合感。化以離應。情想合離。更相變易。所有受業。逐其飛沈。以是因緣。衆生相續。

議曰。此明衆生相續之因也。明妄非他。乃至合離成化等者。蓋言四生受形之因。而身為苦本也。清淨界中本無衆生。但因無始一念妄動而有無明。遂為衆生之本。故曰明妄非他。覺明為咎。覺明。

指無明也。因此無明。遂形四大之所相。吸攬四大以為身。故使真明之理。不能踰越於色身。復取外色所造之六塵。而為受用之境。以是因緣。故聽不出聲。見不超色。因色色香味觸六種妄塵既就。則根塵和合而發六識。圓湛之體。由是分為見聞覺知。根境識三和合造業為因。而四生之苦果隨具。故同業相纏。而有胎卵之形。合離成應。而有溼化之類。此四生眾生。始因一念無明而有也。見明色發以至遏蒲曇等者。此言投胎之狀也。六道升沈不一。此就人道而言。謂眾生既造妄業。死後得中陰身。所謂遊魂也。鬼無色身。而有五通。眼見最遠。以愛染習氣。必尋所愛之境。極其見而求之。雖數千里外。而可愛之境遂現。故曰見明色發。既見其境。而識神必趨其所。以明見可愛而想形之。故曰明見想成。當其男女交遘之際。而識神守之。若本是男。則愛母而憎父。若本是女。則愛父而憎母。故曰異見成憎。同想成愛。乘其交遘而渴愛隨之。吸愛涎而流入母胎。而為受形之種子。故曰流愛為種。想攬父母一點精血。納想於中。遂執為我。故曰納想為胎。此入胎受形之始。蓋從交遘發生也。若其男女之辯。又因憎愛。吸引同業而有別也。由愛業為因。愛境為緣。而胎中一七日而為羯羅藍。(此云凝滑)遏蒲曇。(此云皰二七之狀)蔽尸。(此云軟肉三七之狀)健南。(此云堅肉四七之狀)鉢羅奢。(此云形位謂六根方具五七之狀也)上言投胎之所以也。至若胎卵溼化。四生之不一者。特隨其所造之業而應之。所謂當業流轉也。卵唯想生。胎因情有。溼以合感。化以離應。想輕舉而情重濁。由想而愛隨之。故卵為首。附合溼氣而生。曰溼生。轉脫易形。曰化生。由情想合離。故更相變易。隨因感果。所有受業。逐其飛沈耳。以是因緣。衆生相續也。

△三明業果相續

富樓那。想愛同結。愛不能離。則諸世間父母子孫。相生不斷。是等則以欲貪為本。貪愛同滋。貪不能止。則諸世間卵化溼胎。隨力強弱。遞相吞食。是等則以殺貪為本。以人食羊。羊死為人。人死為羊。如是乃至十生之類。死死生生。互來相噉。惡業俱生。窮未來際。是等則以盜貪為本。汝負我命。我還汝債。以是因緣。經百千劫。常在生死。汝愛我心。我憐汝色。以是因緣。經百千劫。常在纏縛。唯殺盜婬。三爲根本。以是因緣。業果相續。

議曰。此明業果相續之因也。想愛同結。愛不能離。父母子孫。相生不斷。此言眾生所以不能出生死。而受輪迴之苦果者。欲貪為本也。貪愛同滋。貪不能止。謂貪眾生身分血肉。取以為食。滋養己身。故曰同滋。以強陵弱。取而食之。故曰殺貪為本也。以人食羊等為盜貪者。以本不與而取之。強殺其命而食其肉。故為盜也。汝負我命。殺貪也。我還汝債。盜貪也。汝愛我心。我憐汝色。欲貪也。故此歷劫牽纏。三業為本。以是因緣。業果相續也。

◎ 三結顯妄相

富樓那。如是三種。顛倒相續。皆是覺明明了知性。因了發相。從妄見生。山河大地。諸有爲相。次第遷流。因此虛妄。終而復始。

議曰。此結三種妄元也。謂三種顛倒之相。本來不有。但因無始一念妄動。而有無明。故曰覺明。由此無明而生妄見。故曰明了知性。因無明而發所相。是從無明而生山河大地諸有為相也。是知初言因明立所。只一所字。而三種之相已具其中矣。以妄見不泯。則輪迴不息。故終而復始也。

上約迷以示妄依真起竟

◎ 三示本無生滅分二 △ 初執妄疑真

富樓那言。若此妙覺本妙覺明。與如來心不增不減。無狀忽生山河大地。諸有爲相。如來今得妙空明覺。山河大地有爲習漏。何當復生。

議曰。滿慈已蒙開示從悟至迷。因依妙覺明心。迷妄而生山河大地。遂疑如來已證妙空明覺。而山河大地何當復生耶。要顯覺不生迷。本無生滅之義。故興此問。

△二示本無生滅

佛告富樓那。譬如迷人。於一聚落。惑南爲北。此迷爲復因迷而有。因悟而出。富樓那言。如是迷人。亦不因迷。又不因悟。何以故。迷本無根。云何因迷。悟非生迷。云何因悟。佛言。彼之迷人。正在迷時。倏有悟人。指示令悟。富樓那。於意云何。此人縱迷。於此聚落。更生迷不。不也。世尊。富樓那。十方如來。亦復如是。此迷無本。性畢竟空。昔本無迷。似有迷覺。覺迷迷滅。覺不生迷。亦如翳人。見空中華。翳病若除。華於空滅。忽有愚人。於彼空華所滅空地。待華更生。汝觀是人。爲愚爲慧。富樓那言。空元無華。妄見生滅。見華滅空。已是顚倒。勅令更出。斯實狂癡。云何更名如是狂人。爲愚爲慧。佛言。如汝所解。云何問言諸佛如來妙覺明空。何當更出山河大地。又如金鑛。雜於精金。其金一純。更不成雜。如木成灰。不重爲木。諸佛如來菩提涅槃。亦復如是。

議曰。滿慈此問。要顯迷悟同源。本無生滅。故如來連以四喩答之。迷方一喩。使知昔本不迷。今亦無悟。空華一喩。使知真元無妄。悟不生迷。金喩覺性不變。灰喩果德無生。

上答云何忽生。下答四大相陵。

◎四顯理事無礙

富樓那。又汝問言地水火風。本性圓融。周徧法界。疑水火性不相陵滅。又徵虛空及諸大地。俱徧法界。不合相容。富樓那。譬如虛空。體非羣相。而不拒彼諸相發揮。所以者何。富樓那。彼太虛空。日照則明。雲屯則暗。風搖則動。霽澄則清。氣凝則濁。土積成霾。水澄成映。於意云何。如是殊方諸有爲相。爲因彼生。爲復空有。若彼所生。富樓那。且日照時。既是日明。十方世界。同爲日色。云何空中。更見圓日。若是空明。空應自照。云何中宵雲霧之時。不生光耀。當知是明。非日非空。不異空日。觀相元妄。無可指陳。猶邀空華。結爲空果。云何詰其相陵滅義。觀性元眞。唯妙覺明。妙覺明心。先非水火。云何復問不相容者。眞妙覺明。亦復如是。汝以空明。則有空現。地水火風。各各發明。則各各現。若俱發明。則有俱現。云何俱現。富樓那。如一水中。現於日影。兩人同觀水中之日。東西各行。則各有日隨二人去。一東一西。先無準的。不應難言此日是一。云何各行。各日既雙。云何現一。宛轉虛妄。無可憑據。

議曰。此下喻顯事理無礙。以示不空藏性也。滿慈疑水火性不相陵滅。又疑虛空大地本不相容。如來舉虛空之喻。以顯事理無礙。故曰譬如虛空。體非羣相。而不拒彼諸相發揮。以喻妙覺性空。體絕諸妄。而不妨隨業發現也。且空中明暗等相。本非虛空。而不異虛空。是知妙覺明心發現諸相。本非妙明。而不異妙明。此則不空之義顯矣。觀相元妄。觀性元真。唯一妙心。元非水火。云何復問不相容者。蓋真妙覺心。具有廣大業用。故循業發現。而地水火風。各各發明。則各各現。若俱發明。則一時俱現。然俱現者。如水中日影。隨人東西各行。不可作一異會也。知此。四大各徧之疑泮然冰釋矣。

上喻顯理事無礙

◎五顯迷悟同源以結事理無礙

富樓那。汝以色空相傾相奪於如來藏。而如來藏隨爲色空。周徧法界。是故於中。風動空澄。日明雲暗。衆生迷悶。背覺合塵。故發塵勞。有世間相。我以妙明不滅不生。合如來藏。而如來藏。唯妙覺明。圓照法界。是故於中。一爲無量。無量爲一。小中現大。大中現小。不動道場。徧十方界。身含十方無盡虛空。於一毛端。現寶王刹。坐微塵裏。轉大法輪。滅塵合覺。故發眞如妙覺明性。

議曰。此結顯事理無礙。帶顯事事無礙也。謂如來藏性。本圓周徧。

若以色空傾奪。則隨色空周徧法界。且事徧即理徧也。但眾生迷悶不悟。背覺合塵。故發塵勞。有世間相。以顯事理無礙也。我以妙明不生不滅合如來藏。而如來藏。唯妙覺明。圓照法界。故能一多相含。小大攝入。毛端現剎。塵裏轉輪。良以滅塵合覺。故發真如妙覺明性。此帶顯事事無礙也。　上示不空藏性竟

◉ 三開空不空如來藏示中道觀體分四

◈ 初約遮照以顯圓分四

◈ 初約雙遮以顯圓

而如來藏本妙圓心。非心非空。非地非水。非風非火。非眼非耳鼻舌身意。非色非聲香味觸法。非眼識界。如是乃至非意

識界。非明無明。明無明盡。如是乃至非老非死。非老死盡。非苦非集。非滅非道。非智非得。非檀那。非尸羅。非毗梨耶。非羼提。非禪那。非般剌若。非波羅密多。如是乃至非怛闥阿竭。此云如來非阿羅訶。此云應供三耶三菩。此云正徧知非大涅槃。非常非樂。非我非淨。

◇二約雙照以顯圓

以是俱非世出世故。即如來藏元明心妙。即心即空。即地即水。即風即火。即眼即耳鼻舌身意。即色即聲香味觸法。即眼識界。如是乃至即意識界。即明無明。明無明盡。如是乃至即老即死。即老死盡。即苦即集。即滅即道。即智即得。即檀那。即尸羅。即毗梨耶。即羼提。即禪那。即般剌若。即波羅密多。如是乃至即怛闥阿竭。即阿羅訶。三耶三菩。即大涅槃。即常即樂。即我即淨。

◎三約同時以顯妙

以是俱即世出世故。即如來藏妙明心元。離即離非。是即非即。

◎四結示離言

如何世間三有衆生。及出世間聲聞緣覺。以所知心。測度如來無上菩提。用世語言。入佛知見。譬如琴瑟箜篌琵琶。雖有妙音。若無妙指。終不能發。汝與衆生。亦復如是。寶覺眞心。各各圓滿。如我按指海印發光。汝暫舉心。塵勞先起。由不勤求無上覺道。愛念小乘。得少爲足。

議曰。此約遮照以顯圓也。而如來藏清淨本然。纖塵不立。離一切法。十法界相。了不可得。此約雙遮以顯圓也。以是俱非世出世故。而如來藏。即一切法。世出世間一法不捨。此約雙照以顯圓也。若言非言即。猶是遮照。未極一心。必離即離非。是即非即。遮照同時。心言路絕。方顯一心之妙耳。此則圓融果海。妙絕言思。安可以所知妄心而能測度。用世語言而入之哉。是須圓悟圓修。方契一心之妙耳。故譬琴瑟雖具妙音。若無妙指終不能發。妙指喻觀行也。然汝與眾生。寶覺真心。各各圓滿。與我無異。如我按指。則海印發光。汝暫舉心。則塵勞先起者。何也。良由愛念小乘。不肯勤求。得少為足耳。

上開空不空如來藏為中道觀體竟

從初卷至此通開三種藏性為三觀體

◇ 二示一心以顯頓悟頓得

富樓那言。我與如來寶覺圓明。眞妙淨心。無二圓滿。而我昔遭無始妄想。久在輪迴。今得聖乘。猶未究竟。世尊諸妄一切圓滅。獨妙眞常。敢問如來。一切衆生何因有妄。自蔽妙明。受此淪溺。佛告富樓那。汝雖除疑。餘惑未盡。吾以世間現前諸事。今復問汝。汝豈不聞室羅城中。演若達多。忽於晨朝以鏡照面。愛鏡中頭眉目可見。瞋責己頭不見面目。以爲魑魅。無狀狂走。於意云何。此人何因無故狂走。富樓那言。是人心狂。更無他故。佛言。妙覺明圓。本圓明妙。既稱爲妄。云何有因。若有所因。云何名妄。自諸妄想。展轉相因。從迷積迷。以歷塵劫。雖佛發明。猶不能返。如是迷因。因迷自有。識迷無因。妄無所依。尚無有生。欲何爲滅。得菩提者。如寤時人說夢中事。心縱精明。欲何因緣取夢中物。況復無因。本無所有。如彼城中演若達多。豈有因緣。自怖頭走。忽然狂歇。頭非外得。縱未歇狂。亦何遺失。富樓那。妄性如是。因何爲在。汝但不隨分別世間業果衆生。三種相續。三緣斷故。三因不生。則汝心中演若達多狂性自歇。歇即菩提。勝淨明心。本周法界。不從人得。何藉劬勞肯綮修證。譬如有人。於自衣中。繫如意珠。不自覺知。窮露他方。乞食馳走。雖實貧窮。珠不曾失。忽有智者指示其珠。所願從心。致大饒富。方悟神珠。非從外得。

議曰。前已開示三種藏性。雖為三觀之體。然且猶屬修證。不無漸次。故滿慈復問何因有妄。要明妄元無因。以顯頓悟頓得。方見天然妙性。本自圓成。不借功勳。非從外得耳。滿慈何因有妄一問。最為徹底窮源。學人日用。但將此句時時參究。莫謂教中無祖師意也。世尊難以措口。聊借演若迷頭之事發明。以示妄元無因。亦見頭非外得。以妙覺明心。本來無妄。既稱為妄。云何有因。有因則不名妄。但自諸妄想相因。從迷積迷耳。如是迷因。乃因迷自有。若知迷無因。則妄無所依。尚無有生。云何有滅。如寤時人。說夢中事耳。妄性如此。因何為在。汝但不隨分別三種相續。三緣斷故。則三因不生矣。三緣。即殺盜婬。三因。乃發業潤生二種無明。為三緣之因。謂若了三緣本空。而根本無明當下不生。則妙覺明心。本來不迷。一旦頓得。正若演若狂心若歇。頭非外得也。又何藉劬勞修證乎。故如貧子衣珠。元不曾失。非從外得也。頓悟之旨。於茲見矣。

上直指一心以顯頓得竟

◇三示真妄雙絕以顯妙分二

◇初當機執迷猶疑因緣自然

即時阿難。在大衆中。頂禮佛足。起立白佛。世尊現說殺盜婬業。三緣斷故。三因不生。心中達多狂性自歇。歇即菩提。不從人得。斯則因緣皎然明白。云何如來頓棄因緣。我從因緣。心得開悟。世尊。此義何獨我等年少有學聲聞。今此會中。大目犍連。及舍利弗。須菩提等。從老梵志。聞佛因緣。發心開悟得成無漏。今說菩提不從因緣。則王舍城拘舍梨等。所說自然。成第一義。惟垂大悲。開發迷悶。

議曰。阿難聞說妙心頓得。不假修行。猶躡因緣之疑。以啟自然之問也。向以佛性借因緣而顯。今則本有。不修自得。是說佛性自然。則彼外道神我自然。成第一義矣。此約佛性不假功勛為自然。非前妄見分別之自然也。

◈二世尊曲借旁通即事以顯真心絕待分六

△初總顯迷悟俱非

佛告阿難。即如城中演若達多。狂性因緣。若得滅除。則不狂性。自然而出。因緣自然。理窮於是。

△二顯真妄雙絕分二

◎初例真絕分二 ∧初絕自然

阿難。演若達多。頭本自然。本自其然。無然非自。何因緣故。怖頭狂走。

∧次絕因緣

若自然頭。因緣故狂。何不自然。因緣故失。本頭不失。狂怖妄出。曾無變易。何藉因緣。

◎二例妄絕分二　△初絕自然

本狂自然。本有狂怖。未狂之際。狂何所潛。

△次絕因緣

不狂自然頭本無妄。何爲狂走。

△三結妙絕言思

若悟本頭。識知狂走。因緣自然。俱爲戲論。

△四遣妄緣

是故我言三緣斷故。即菩提心。菩提心生。生滅心滅。此但生滅。

△五觀智雙泯

滅生俱盡。無功用道。若有自然。如是則明自然心生。生滅心滅。此亦生滅。無生滅者。名爲自然。猶如世間諸相雜和。成一體者。名和合性。非和合者。稱本然性。本然非然。和合非合。合然俱離。

△六泯同果海

離合俱非。此句方名無戲論法。

◇四結責勸修以發行

菩提涅槃。尚在遙遠。非汝歷劫辛勤修證。雖復憶持十方如來十二部經。清淨妙理。如恆河沙。祇益戲論。汝雖談說因緣自然。決定明了。人間稱汝多聞第一。以此積劫多聞熏習。不能免離摩登伽難。何須待我佛頂神咒。摩登伽心。婬火頓歇。得阿那含。於我法中。成精進林。愛河乾枯。令汝解脫。是故阿難。汝雖歷劫憶持如來秘密妙嚴。不如一日修無漏業。遠離世間憎愛二苦。如摩登伽。宿爲婬女。由神咒力。銷其愛欲。法中今名性比丘尼。與羅睺母耶輸陀羅。同悟宿因。知歷世因。貪愛爲苦。一念熏修無漏善故。或得出纏。或蒙授記。如何自欺。尚留觀聽。

議曰。此即事例顯真心絕待也。阿難向執因緣自然之見。特常情耳。安可以入絕待真心哉。故世尊以演若迷頭之事責之曰。即演若迷頭之事。若狂性因緣滅時。則有自然頭之見。但觀未狂已前。何有因緣自然哉。故曰理窮於是。下示本無因緣自然。故雙辯其相。謂汝以離諸因緣便為自然者。且如演若頭本自然。則畢竟自然。又何因緣故怖頭狂走。則非自然矣。此絕自然也。若自然頭。以因緣故狂。何以不自然頭。假因緣而失耶。雖狂而頭本不失。乃狂怖妄出耳。縱狂而頭無變改。何藉因緣耶。此絕因緣也。上辯頭不因自然因緣而有得失。足知真性不屬因緣自然也。下辯狂。謂不但頭不屬因緣自然。即狂亦無因緣自然。若狂是自然。於未狂之先。狂何所潛耶。此狂非自然也。若狂不自然。而頭本無妄。何為狂走。此狂亦非因緣也。足知妄亦不屬因緣自然矣。總而言之。凡因緣自然之說。皆妄計名言習氣。但未一悟本頭耳。若悟本頭。識知狂走。則因緣自然俱為戲論矣。以此而觀。則知天然妙性。不屬因緣自然。明矣。故下合顯果海妙絕言思。是故我言三緣斷故。即菩提心者。此但妄緣斷而覺性生。但是生滅邊事。若此滅生俱盡。至於無功用道。此雖觀智。而對待未亡。若有自然。則名自然心生。生滅心滅。此猶屬生滅邊收。又指無生滅者名為自然。豈非妄見耶。智雖泯而理未忘。宗門到此。但名法身邊事。未是法身向上事。猶如世間調和成味。而指非和合者。稱本然性耳。此非絕待真心也。必若本然非本然。和合非和合。和合本然。一切俱離。離合俱非。至此則觀智俱泯。心境兩忘。聖凡情盡。迷悟雙祛。不墮法身。泯同果海。迴出言思。此句方名無戲論法也。前阿難陳悟。謂不歷僧祇獲法身矣。至此又以因緣自然為疑。正是多聞名言習氣未忘。豈可以戲論名言取菩提涅槃哉。故如來大慈結責勸修曰。菩提涅槃尚在遙遠。非汝歷劫勤修。無以取證。縱汝憶持十二部經。祇益戲論耳。且汝多聞。乃積劫熏習。何以不免摩登伽難。只須待我神呪。令汝解脫耶。是故汝雖歷劫憶持。不如一日修無漏業。且摩登婬女也。耶輸。婦人也。祇一念熏修無漏善故。或得出纏。或蒙授記。而汝丈夫。何不勇猛熏修。而返留滯於見聞觀聽之迹耶。上開三種藏性。以為三觀之體。末後切勸修持。故下請行。

△二詳陳眾行以示三觀之相分二

◉初特請行門

阿難及諸大衆。聞佛示誨。疑惑銷除。心悟實相。身意輕安。得未曾有。重復悲淚。頂禮佛足。長跪合掌。而白佛言。無上大悲。清淨寶王。善開我心。能以如是種種因緣。方便提獎。引諸沈冥。出於苦海。世尊。我今雖承如是法音。知如來藏妙覺明心。徧十方界。含育如來十方國土。清淨寶嚴妙覺王剎。如來復責多聞無功。不逮修習。我今猶如旅泊之人。忽蒙天王賜與華屋。雖獲大宅。要因門入。惟願如來不捨大悲。示我在會諸蒙暗者。捐捨小乘。畢獲如來無餘涅槃。本發心路。令有學者。

從何攝伏疇昔攀緣。得陀羅尼。入佛知見。作是語已。五體投地。在會一心。佇佛慈旨。

議曰。此當機請行也。古德判為修道分。愚判此為示觀相。以阿難初請三觀。前但約所顯理以為觀體。今阿難發心修行。遠取菩提。非觀行不能入。以觀妄相為行。故向下十方如來同聲說偈。正示觀相。而二十五聖圓通。乃示各人隨宜觀相之方便耳。阿難蒙佛開示。已悟法身真體。自信妙覺明心。本圓周徧。含育十方諸佛剎土矣。如來現今結責。謂菩提涅槃尚在遙遠。非歷劫修行而不能證。殊非多聞可得。此則譬如天王賜與華屋。要因門入。故此請行。以三觀乃入法界之門。今剋約本經旨趣。故為示觀相。

◉ 二世尊委示行相分二

初示自利妙圓理行分四

初通示迷悟之根分四 △ 初總示發覺初心

爾時世尊。哀愍會中緣覺聲聞。於菩提心未自在者。及為當來佛滅度後。末法眾生。發菩提心。開無上乘妙修行路。宣示阿難。及諸大眾。汝等決定發菩提心。於佛如來妙三摩提。不生疲倦。應當先明發覺初心二決定義。

△ 二別示二決定義分二

初以不生滅心為本修因分三

初示能觀之心

云何初心二義決定。阿難。第一義者。汝等若欲捐捨聲聞。修菩薩乘。入佛知見。應當審觀因地發心。與果地覺。爲同爲異。阿難。若於因地。以生滅心爲本修因。而求佛乘不生不滅。無有是處。以是義故。汝當照明諸器世間可作之法。皆從變滅。阿難。汝觀世間可作之法。誰爲不壞。然終不聞爛壞虛空。何以故。空非可作。由是始終無壞滅故。

⩓ 二示所觀之境分三　◎ 初示生滅源

則汝身中堅相爲地。潤溼爲水。煖觸爲火。動搖爲風。由此四纏。分汝湛圓妙覺明心。爲視爲聽。爲覺爲察。從始入終。五疊渾濁。

云何爲濁。阿難。譬如清水。清潔本然。即彼塵土灰沙之倫。本質𥕢礙。二體法爾。性不相循。有世間人。取彼土塵。投於淨水。土失𥕢礙。水亡清潔。容貌汨然。名之爲濁。汝濁五重。亦復如是。

◎二喻生滅相

議曰。此下正示生滅之元。先立二決定義為發覺初心也。將示不生滅心為本修因。先示五濁生滅之相。意在即生滅以證無生。即五蘊以證法身也。衆生所以迷倒者。良由迷一心而為業識。依見相而為色心。依色心而成五蘊。由是妄分根塵識界。唯以五蘊為生死之本也。今將返妄歸真。若離此五蘊身心。更無可修之地。故以觀五蘊為入道之門。若因地倒。還因地起也。前徵心辯見以破者。破此五蘊身心是妄耳。會歸藏性。必從五蘊為首也。眾生相續。則以五蘊為苦本也。故今修行。必觀五蘊妄相。以發軔也。即末後開示陰魔。蓋由觀五蘊不得其妙。故墮魔屬也。結會總示五蘊邊際。使知歸宿也。此佛出世說法之本意。專為打破眾生五蘊身心耳。獨於此經周備。故使觀者必先得其要。則若理若觀。皆有所歸矣。世尊許說之初。乃曰於佛如來妙三摩提不生疲倦者。以最初許曰。有三摩提名大佛頂首楞嚴王。今先誡令。於此大定。勿生疲倦耳。以此證之。則前顯理為觀體。今說行門為觀相。無疑矣。二決定義。謂決定而不可易者。一審因地發心。二審煩惱根本。意謂若生滅入照。則當下真常。若煩惱知根。則迎刃而解矣。修行之要。莫切於此。故令審觀因地發心。與果地覺。為同為異。意使以果地覺為本因心。殆非生滅心可契不生滅果也。故令照明世間諸生滅法。皆可壞相。獨虛空不壞者。以無作故。此則的指無作妙行為根本也。且不生滅者。即圓湛妙明清淨真心也。祇因最初一念妄動而為無明。遂形所相。而成四大之妄色。因起妄見。搏取四大而為身。因此四纏。即將圓明妙心。分為見聞覺知。而成五蘊之眾生。譬如清泠之水。投之以灰沙塵土。渾濁不分。此五蘊穢濁之因。從此而有也。

◎ 三別明生滅

阿難。汝見虛空徧十方界。空見不分。有空無體。有見無覺。相織妄成。是第一重。名爲劫濁。汝身現摶四大爲體。見聞覺知。壅令留礙。水火風土。旋令覺知。相織妄成。是第二重。名爲見濁。又汝心中憶識誦習。性發知見。容現六塵。離塵無相。離覺無性。相織妄成。是第三重。名煩惱濁。又汝朝夕生滅不停。知見每欲留於世間。業運每常遷於國土。相織妄成。是第四重。名衆生濁。汝等見聞。元無異性。衆塵隔越。無狀異生。性中相知。用中相背。同異失準。相織妄成。是第五重。名爲命濁。

議曰。上總顯五濁生滅之元。下別示五濁生滅之相。然五濁依五蘊而立者。意謂清淨界中。本無衆生。何有劫見煩惱衆生命濁等事。只因迷本元明。結為色心。而為五蘊之眾生。即渾濁真心。故有五種之妄相也。見空相織為劫濁者。此約色蘊以明劫濁也。劫者。梵語劫波。此云時分。長時之稱也。且此明依色蘊。應云四大相纏。今以空見而言者。以迷妄最初有虛空而為色體。乃妄見先所攬者。故因頑空以渾濁真心而成妄見。此見吸取空相。久結為色。而成色心。由此蓋覆真心。故約空以明色蘊也。此中相織。約義而言。但取緜密相纏不分。蓋約生滅不停。有織成義。非若世之經緯為織也。空見不分者。謂迷妙空而為頑空。則空本偏也。迷妙明而為妄見。則見亦偏也。二妄混合而為一。故云不分。且空本是真如之實體。見本是圓明之妙覺。今既迷而混為一。正似投灰土於清水。則兩失之矣。故但有空而無真體。但有見而無真覺。由此二妄生滅相纏。乃有色心。故為色蘊之始也。名劫濁者。以清淨界中本無有時。今由色心初集之時。便為長時之本。故依色蘊名為劫濁。汝身現摶四大等為見濁者。指受蘊為見濁也。此見。乃五識執受之妄見也。指四大六根而為見濁者。蓋妄認四大為自身相為妄見也。意謂汝之色身。本非有也。乃現摶取四大以為體。遂將圓明妙心。壅令留礙。分為見聞覺知。隔越而不通。且彼四大本無知覺。今壅識心於內。旋無知而令有知。遂執受為我。以無知投於知見之內。知覺融貫於無知之中。自相渾濁。生滅不停。妄見執此為受用根。以於清淨心中。妄見有此執受之色根。故依受蘊名為見濁。

又汝心中意識誦習等名煩惱濁者。此依想蘊而立也。想。乃六識之妄想。煩惱性空。此妄想本非有也。由汝心中尋常誦習慣熟之往事。習氣內鼓。忽然起念。欲有所知所見之境。引起宿習。故曰性發知見。隨其妄想。而所念之塵境。即分明形容於妄想心中。此所謂妄認六塵緣影為自心相。故曰容現六塵。然此妄想緣塵而有。離塵則無實體。離覺則了無自性。以此妄想生滅不停。擾亂於清淨心中。故依想蘊名煩惱濁。又汝心中朝夕不停等名眾生濁者。此依行蘊而立也。謂此眾生。本非有也。由汝妄想生滅不停。知見每欲留於世間。故念念造業。而善惡業力。念念流變於十二類生。以去留生滅為眾生本。渾濁真心。故依行蘊名眾生濁。汝等見聞元無異性等名命濁者。此依識蘊而立也。然此命根。本非有也。由汝元一妙圓真心。本無同異之相。良由四大壅分識性。而為見聞覺知。則眾塵隔越。故無狀異生。性中本為一體。故相知用中六根割據。故相背。故同無一定之同。異無各各之異。兩失其準。此識連持色心而為命根。同異渾濁。相織妄成。故依此識蘊名為命濁。原此五濁。於妙圓心中。本無所有。但由五蘊生滅。渾濁真心。故為濁耳。是皆迷妄之源也。故此下約返妄歸真以示觀行。

≪三示觀行之因分三 ◎初明因真果正

阿難。汝今欲令見聞覺知。遠契如來常樂我淨。應當先擇死生根本。依不生滅。圓湛性成。以湛旋其虛妄滅生。伏還元覺。

得元明覺。無生滅性。爲因地心。然後圓成果地修證。

◎二喻斷惑淺深分二

初喻漸斷

如澄濁水。貯於淨器。靜深不動。沙土自沈。清水現前。名爲初伏客塵煩惱。

二喻頓斷

去泥純水。名爲永斷根本無明。

◎三結真窮惑盡

明相精純。一切變現。不爲煩惱。皆合涅槃。清淨妙德。

議曰。此略示觀行之相也。意謂欲令渾濁之覺。遠契涅槃清淨之妙德。應先擇死生之根本。擇。猶擿也。專依不生滅性。以旋生滅。旋。

猶漩也。如水之漩洑也。謂念念漩妄以歸真也。伏還元覺。得元明覺。為因地心。如此方能圓成果地修證。故如澄濁水。清水現前。名為初伏客塵煩惱。此漸斷也。去泥純水。名為永斷根本無明。此頓斷也。當等覺後心。將入妙矣。真窮惑盡。則合涅槃清淨妙德矣。斯由不生滅心觀行之功也。

◎二審煩惱根本意擇圓根分六

△初勅令詳審

第二義者。汝等必欲發菩提心。於菩薩乘。生大勇猛。決定棄捐諸有為相。應當審詳煩惱根本。此無始來發業潤生。誰作誰受。阿難。汝修菩提。若不審觀煩惱根本。則不能知虛妄根塵。何處顚倒。處尚不知。云何降伏。取如來位。

△二正指結根

阿難。汝觀世間解結之人。不見所結。云何知解。不聞虛空。被汝隳裂。何以故。空無形相。無結解故。則汝現前眼耳鼻舌。及與身心。六爲賊媒。自劫家寶。由此無始衆生世界。生纏縛故。於器世間不能超越。

議曰。此審煩惱根本也。發業是根本無明。潤生是愛取二惑。生死實由此二而有。通名煩惱。然此二種依根而辯者。謂此二法。元無實體。但依六識妄想為用。故於六根門頭。緣塵取境。純是無明用事。以資愛取。故念念愛取。處處貪著。生死結於根塵之中。故令審知虛妄根塵。何處顚倒。以根塵相交結處。即顚倒處。乃生死結根之所在也。若欲解結。當就結根而解之。故審六根優劣。意取圓根虛而易解。所以用其選擇耳。將選圓根。先示六根之優劣。欲令知所選耳。

△三顯根因妄織

阿難。云何名爲衆生世界。世爲遷流。界爲方位。汝今當知。東西南北。東南西南。東北西北。上下爲界。過去未來現在爲世。方位有十。流數有三。一切衆生織妄相成。身中貿遷。世界相涉。而此界性。設雖十方。定位可明。世間祇目東西南北。上下無位。中無定方。四數必明。與世相涉。三四四三。宛轉十二。流變三疊。一十百千。總括始終。六根之中。各各功德有千二百。

︿四顯力用不齊分六 ◎初眼根

阿難。汝復於中克定優劣。如眼觀見。後暗前明。前方全明。後方全暗。左右旁觀。三分之二。統論所作。功德不全。三分言功。一分無德。當知眼唯八百功德。

◎二耳根

如耳周聽。十方無遺。動若邇遙。靜無邊際。當知耳根圓滿一千二百功德。

◎三鼻根

如鼻齅聞。通出入息。有出有入。而闕中交。驗於鼻根。三分闕一。當知鼻唯八百功德。

◎四舌根

如舌宣揚。盡諸世間出世間智。言有方分。理無窮盡。當知舌根圓滿一千二百功德。

◎五身根

如身覺觸。識於違順。合時能覺。離中不知。離一合雙。驗於身根三分闕一。當知身唯八百功德。

◎六意根

如意默容。十方三世。一切世間出世間法。唯聖與凡。無不包容。盡其涯際。當知意根圓滿一千二百功德。

△五誡選圓根

阿難。汝今欲逆生死欲流。返窮流根。至不生滅。當驗此等六受用根。誰合誰離。誰深誰淺。誰為圓通。誰不圓滿。若能於此悟圓通根。逆彼無始織妄業流。得循圓通。與不圓根。日劫相倍。我今備顯六湛圓明。本所功德。數量如是。隨汝詳擇其可入者。吾當發明。令汝增進。

△六使一門深入

十方如來。於十八界。一一修行。皆得圓滿無上菩提。於其中間。亦無優劣。但汝下劣。未能於中圓自在慧。故我宣揚。令汝但於一門深入。入一無妄。彼六知根。一時清淨。

議曰。此示六根優劣也。上云由此眾生世界生纏縛故。於器世間不能超越。故知眾生世界。但就正報之身而言。所云世界者。世約妄念遷流。界約一身而有左右前後。故為界也。以一念纔興。居然遷流。便有三世。方雖有十。秖言四方。此三世四方。只就一身而觀。故曰身中貿遷。以界與世互相交涉。所謂織妄相成也。三四四三。宛轉十二者。謂一念法爾具該三世。全徧於一身。不出於左右前後之四方。則每方各有三世。此三四以成十二也。其四方全被一念之所融貫。則每世皆有四方。此四三以成十二也。以此相織。故曰宛轉。初則一念為一疊。但有十二耳。妄念重變。前念已滅。後念續生。最極微細。以初起一念無本。即此一念。已包三世。流於四方。

故成十二。此一疊也。第二疊者。即於東方三世。每世各有一根本。共成三十。則四方合一百二十。故曰百。第二疊也。第三疊者。就百二十上。各各有十。則成千二百。此三疊也。此以世涉方。其界例此可知。最初一念不立本者。以從無住本立一切法故。然生滅妄念。微細流注。謂一念中有九十刹那。一刹那中有九百生滅。其實刹那刹那。窮劫不盡。今但以三疊而言者。謂約生滅一念。法爾遷流。具該三世。雖窮劫亦只言三世耳。故就生滅根身。以明六根之業用各各本該一千二百之功能。但約偏不偏處。圓不圓根。定其力用優劣耳。若眼根見前不能見後。約功能不到處。則三分闕一。只具八百。耳則圓聞十方。故全具千二。鼻則約出入息。闕於中交。亦只八百。舌則宣揚妙理。圓滿千二。身以離合。離則不知。亦只八百。意則默容。十方三世。無不周偏。故千二百。此全約功能以論也。六根優劣。已示於此。眾生顛倒於生死之中而不能超越者。但依六根緣塵取境。無明發業。愛取潤生。起惑造業。結成生死之根。故長劫沈淪。今若逆生死流。返妄歸真。只就此六根門頭。返窮流根。至不生滅地耳。不必捨此別求也。以此六根。本是妙明真心中所現之物。故根根塵塵。皆可還源。今但就圓根。取其易入。功用易成。故須選擇。令於一門深入。果能入一無妄。則六知根。一時清淨矣。

△三略示妄盡還源分二　◎初當機疑請

阿難白佛言。世尊。云何逆流深入一門。能令六根一時清淨。

◎二世尊的示分十　≪初總明機淺法深

佛告阿難。汝今已得須陀洹果。已滅三界衆生世間見所斷惑。然猶未知根中積生無始虛習。彼習要因修所斷得。何況此中生住異滅。分齊頭數。

≪二令觀六一虛妄

今汝且觀現前六根。爲一爲六。阿難。若言一者。耳何不見。目何不聞。頭奚不履。足奚無語。若此六根。決定成六。如我今會與汝宣揚微妙法門。汝之六根。誰來領受。阿難言。我用耳聞。佛言。汝耳自聞。何關身口。口來問義。身起欽承。是故應知。非一終六。非六終一。終不汝根元一元六。

◇三的示真妄兩忘

阿難。當知是根。非一非六。由無始來。顚倒淪替。故於圓湛。一六義生。

◇四責迷執一

汝須陀洹。雖得六銷。猶未亡一。

◇五喻出形名

如太虛空。參合羣器。由器形異。名之異空。除器觀空。說空爲一。彼太虛空。云何爲汝成同不同。何況更名是一非一。則汝了知六受用根。亦復如是。

◇六別示妄源分二　◎初別顯妄源分六

初眼根

由明暗等二種相形。於妙圓中。黏湛發見。見精映色。結色成根。根元目爲清淨四大。因名眼體。如蒲萄朶。浮根四塵。流逸奔色。

二耳根

由動靜等二種相擊。於妙圓中。黏湛發聽。聽精映聲。卷聲成根。根元目爲清淨四大。因名耳體。如新卷葉。浮根四塵。流逸奔聲。

三鼻根

由通塞等二種相發。於妙圓中。黏湛發齅。齅精映香。納香成根。根元目爲清淨四大。因名鼻體。如雙垂爪。浮根四塵。流逸奔香。

四舌根

由恬變等二種相參。於妙圓中。黏湛發嘗。嘗精映味。絞味成根。根元目爲清淨四大。因名舌體。如初偃月。浮根四塵。流逸奔味。

五身根

由離合等二種相摩。於妙圓中。黏湛發覺。覺精映觸。搏觸成根。根元目爲清淨四大。因名身體。如腰鼓顙。浮根四塵。流逸奔觸。

㈥ 六意根

由生滅等二種相續。於妙圓中。黏湛發知。知精映法。攬法成根。根元目爲清淨四大。因名意思。如幽室見。浮根四塵。流逸奔法。

◎ 二總結虛妄

阿難。如是六根。由彼覺明。有明明覺。失彼精了。黏妄發光。是以汝今離暗離明。無有見體。離動離靜。元無聽質。無通無塞。齅性不生。非變非恬。嘗無所出。不離不合。覺觸本無。無滅無生。了知安寄。

⩓ 七指歸觀心

汝但不循動靜合離。恬變通塞。生滅明暗。如是十二諸有爲相。隨拔一根。脫黏內伏。

八智起惑忘

伏歸元眞。發本明耀。耀性發明。諸餘五黏。應拔圓脫。不由前塵所起知見。

九略顯大用

明不循根。寄根明發。由是六根。互相爲用。阿難。汝豈不知今此會中。阿那律陀。無目而見。跋難陀龍。無耳而聽。殑伽神女。非鼻聞香。驕梵鉢提。異舌知味。舜若多神。無身覺觸。如來光中。映令暫現。既爲風質。其體元無。諸滅盡定。得寂聲聞。如此會中。摩訶迦葉。久滅意根。圓明了知。不因心念。

阿難。今汝諸根。若圓拔已。內瑩發光。如是浮塵。及器世間諸變化相。如湯消冰。應念化成無上知覺。阿難。如彼世人。聚見於眼。若令急合。暗相現前。六根黯然。頭足相類。彼人以手循體外繞。彼雖不見。頭足一辯。知覺是同。緣見因明。暗成無見。不明自發。則諸暗相。永不能昏。根塵既銷。云何覺明。不成圓妙。

△十顯妄盡還源

議曰。此略示妄盡還源也。阿難聞入一無妄。六根一時清淨之說未悟。故興此問。以啟本無一六之談。因示六妄本源。以明所歸之地耳。故世尊先審此根為一為六者。意顯此本元非一六義也。但由無始顛倒。於圓湛體中一六義生。故譬虛空參合羣器。遂名為異。除器觀空。又說空為一。且虛空豈因器以成同異。同尚強名。云何更說是一非一耶。了知此義。則六受用根如此而已。不可作一六解也。問。六根本是妙湛圓明之真心。何以成此六根之妄想耶。答。由明暗等下。正示初成六根之妄相。以示六妄之源也。由明暗等者。意顯六根本非有也。但由迷妙圓之真心。妄成阿賴耶識。謂之識精。以因明立所。遂有四大之妄塵。由明暗相形。以擊湛明之真體。因此黏湛而發妄見。見精映色久而取著。故結色成根。而根初成之時。乃四大之淨色。以籠識精。及麤而為浮塵根於外。故識精從此流逸而奔於色等塵。此眼根之所以成也。由動靜二塵。以發耳根。由通塞二塵。以發鼻根。由恬變二塵。以發舌根。由離合二塵。以發身根。由生滅二塵。以發意根。皆例如眼根。此六根之所以成也。意根屬心無形。而根元亦名清淨四大者。謂初由妄見。吸取父母之精血。而識棲託於中。及五根既就。而初結肉團居中。名肉團心。故此屬四大。名浮塵根。而有一竅識精從此以奔法塵。乃無明殼。最初所結清淨四大。名勝義根。以裹藏識。意根處此杳冥之中。故如幽室見。聖人之心有七竅。言其虛而明耳。以上通示六根生起之妄源。故總結之曰。如是六根。由彼覺明妄有明明之覺。故失彼真精。黏妄而發其精光耳。皆以緣塵而有。離塵則無體矣。故曰無滅無生。了知安寄。初以不知是妄。故認無明為主宰。愛取為受用。故依之而造業也。下示觀心。故曰汝今若欲返妄歸真。但不循六塵。隨拔一根。脫黏內伏。伏歸元真。則本有真心光明一旦發耀。若從一根耀性發明。則五黏隨脫。不隨前塵所起知見。盡是真光獨露耳。由此真明。則不循六根之妄。但寄根以明發。由是六根開通。互相為用。此所以令汝速證安樂妙常。亦汝六根。更非他物也。下引不循六根之人。豈不信哉。阿難下。正示還源。謂今汝諸根。若圓拔已。則內瑩發光。如是浮塵根身。及器世間。如湯消冰。應念化成無上知覺矣。如水成冰。冰還成水。豈假於外哉。且妄知妄見。皆借前塵。今不由前塵。不因明而自然開發本有之真見。則諸暗相永不能昏矣。所以障蔽妙明者。根塵之過也。若根塵既消。云何覺明之無明。不成圓明之妙覺哉。是知真妄還源。總不出六根之外也。

上略顯妄盡還源

△四密示最初方便分二

◎初當機重疑斷滅分二　△初以真疑妄

阿難白佛言。世尊。如佛說言。因地覺心。欲求常住。要與果位名目相應。世尊。如果位中。菩提。涅槃。眞如。佛性。菴摩羅識。空如來藏。大圓鏡智。是七種名。稱謂雖別。清淨圓滿。體性堅凝。如金剛王。常住不壞。若此見聽。離於明暗動靜通塞。畢竟無體。猶如念心。離於前塵。本無所有。云何將此畢竟斷滅。以爲修因。欲獲如來七常住果。

△二以妄疑真

世尊。若離明暗。見畢竟空。如無前塵。念自性滅。進退循環。微細推求。本無我心。及我心所。將誰立因。求無上覺。如來先說湛精圓常。違越誠言。終成戲論。云何如來眞實語者。惟垂大慈。開我蒙悋。

議曰。此將示聞性真常。以密揀耳根為最初方便。故當機先設斷滅之疑也。阿難聞說六根離塵無體。遂疑為斷滅。故問佛果七種。皆是常住。若果念心離於前塵本無所有。則斷滅矣。云何將此畢竟斷滅。以為修因。欲獲如來七常住果耶。故進退循環。求而不知。遂起如來自語相違之疑。

◎二巧示真常分五　≪初責許除疑

佛告阿難。汝學多聞。未盡諸漏。心中徒知顛倒所因。眞倒現前。實未能識。恐汝誠心猶未信伏。吾今試將塵俗諸事。當除汝疑。

≪二擊鐘以驗

即時如來勅羅睺羅。擊鐘一聲。問阿難言。汝今聞不。阿難大衆。俱言我聞。鐘歇無聲。佛又問言。汝今聞不。阿難大衆。俱言不聞。時羅睺羅。又擊一聲。佛又問言。汝今聞不。阿難大衆。又言俱聞。佛問阿難。汝云何聞。云何不聞。阿難大衆俱白佛言。鐘聲若擊。則我得聞。擊久聲銷。音響雙絕。則名無聞。如來又勅羅睺擊鐘。問阿難言。爾今聲不。阿難大衆俱言有聲。少選聲銷。佛又問言。爾今聲不。阿難大衆答言無聲。有頃羅睺更來撞鐘。佛又問言。爾今聲不。阿難大衆俱言有聲。佛問阿難。汝云何聲。云何無聲。阿難大衆俱白佛言。鐘聲若擊。則名有聲。擊久聲銷。音響雙絕。則名無聲。

≪三正顯真常分五　◎初揀定

佛語阿難。及諸大衆。汝今云何自語矯亂。大衆阿難俱時問佛。我今云何名爲矯亂。佛言。我問汝聞。汝則言聞。又問汝聲。

汝則言聲。唯聞與聲。報答無定。如是云何不名矯亂。阿難。聲銷無響。汝說無聞。若實無聞。聞性已滅。同於枯木。鐘聲更擊。汝云何知。知有知無。自是聲塵。或無或有。豈彼聞性爲汝有無。聞實云無。誰知無者。

◎二正示

是故阿難。聲於聞中。自有生滅。非爲汝聞聲生聲滅。令汝聞性爲有爲無。

◎三責迷

汝尚顛倒。惑聲爲聞。何怪昏迷。以常爲斷。終不應言。離諸動靜閉塞開通。說聞無性。

◎四喩顯

如重睡人。眠熟牀枕。其家有人於彼睡時。擣練舂米。其人夢中聞舂擣聲。別作他物。或爲擊鼓。或爲撞鐘。即於夢時。自怪其鐘爲木石響。於時忽寤。遄知杵音。自告家人。我正夢時。惑此舂音。將爲鼓響。阿難。是人夢中。豈憶靜搖開閉通塞。其形雖寐。聞性不昏。

◎五顯結

縱汝形銷。命光遷謝。此性云何爲汝銷滅。

△四總結顛倒

以諸衆生從無始來。循諸色聲。逐念流轉。曾不開悟性淨妙常。不循所常。逐諸生滅。由是生生雜染流轉。

△五指歸觀心分三　◎初滅塵同覺

若棄生滅。守於眞常。

◎二智起惑亡

常光現前。根塵識心。應時銷落。

◎三塵消覺淨

想相爲塵。識情爲垢。二俱遠離。則汝法眼應時清明。云何不成無上知覺。

議曰。此下世尊巧示真常也。阿難因疑此心離塵無體。將為斷滅。世尊試將俗事以驗。令其除疑。故令羅睺擊鐘以驗。初擊鐘時。問曰聞否。意在驗聞性也。如來又勅羅睺擊鐘。乃問聲否。是約聲塵以驗也。先已報言無聞矣。次又擊時再問。而報有聲。若聞性果無。則隨時已滅。不應又聞此聲矣。故責之曰。報答無定。以知有知無。自是聲塵或有或無耳。豈彼聞性為汝有無哉。若實無聞。誰知無者。以此足徵聞性真常也。乃正示之曰。聲於聞中自有生滅。非汝聞性為有為無。乃責之曰。汝尚惑聲為聞。何怪以常為斷。故不應言離彼動靜前塵。便說聞無性也。故說睡夢之人。形寐而聞性不昏。以此足知縱汝形消。命光遷謝。此性云何為汝消滅耶。此結顯真常之義也。下示顛倒。以諸眾生循諸色聲。逐念流轉。不循所常逐諸生滅。故生生雜染流轉。下指歸觀心。若棄生滅。守於真常。一旦常光現前。則根塵識心。應時消落矣。想相識情。二俱遠離。則根塵頓消。而汝法眼。應時清明。云何不成無上知覺耶。此已巧示真常。意顯耳根可為最初方便。次下指結根元。將明下手功夫耳。

上總示迷悟之根竟

大佛頂如來密因修證了義諸菩薩萬行首楞嚴經通議卷第四

大佛頂如來密因修證了義諸菩薩萬行首楞嚴經通議卷第五

唐天竺沙門般剌密帝譯
烏萇國沙門彌伽釋迦譯語
菩薩戒弟子清河房融筆受
明南嶽沙門憨山釋德清述

◎二正示一心三觀之相分二

△初當機以真疑妄

阿難白佛言。世尊。如來雖說第二義門。今觀世間解結之人。若不知其所結之元。我信是人終不能解。世尊。我及會中有學聲聞。亦復如是。從無始際。與諸無明。俱滅俱生。雖得如是多聞善根。名爲出家。猶隔日瘧。惟願大慈。哀愍淪溺。今日身心。云何是結。從何名解。亦令未來苦難衆生。得免輪迴。不落三有。作是語已。普及大衆五體投地。雨淚翹誠。佇佛如來無上開示。

議曰。此下將示三觀之相。欲顯即妄即真。故約生滅以問也。阿難聞前第二義門。已知生死結根。但不知今日身心云何是結。從何名解。乃疑不知真妄之元。此特請解結之方。所謂下手之處。即是最初方便也。此大定法門。非小因緣。故十方諸佛放光攝授。同聲說偈也。

◎二佛示迷悟同源分四　◎初本尊安慰

爾時世尊憐愍阿難。及諸會中諸有學者。亦爲未來一切衆生。爲出世因。作將來眼。以閻浮檀紫金光手。摩阿難頂。

◎二諸佛證成分二　◎初光證道同

即時十方普佛世界。六種震動。微塵如來住世界者。各有寶光。從其頂出。其光同時於彼世界。來祇陀林。灌如來頂。是諸大衆得未曾有。

◎次言顯一真

於是阿難及諸大衆。俱聞十方微塵如來。異口同音。告阿難言。善哉阿難。汝欲識知俱生無明。使汝輪轉生死結根。唯汝六根。更無他物。汝復欲知無上菩提。令汝速證安樂解脫寂靜妙常。亦汝六根。更非他物。

◎三當機重請

阿難雖聞如是法音。心猶未明。稽首白佛。云何令我生死輪迴。安樂妙常。同是六根。更非他物。

◎四世尊宣示分二　△初長行分六

◎初指真源不二

佛告阿難。根塵同源。縛脫無二。

◎二示無明體空

識性虛妄。猶如空華。

◎三明根塵妄發

阿難。由塵發知。因根有相。

◎四明妄元無體

相見無性。同於交蘆。

◎五示迷悟同源

是故汝今知見立知。即無明本。知見無見。斯即涅槃無漏眞淨。

◎六指歸真際

云何是中更容他物。爾時世尊。欲重宣此義。而說偈言。

議曰。諸佛先示迷悟同源。然後乃示觀相也。以阿難雨涙翹誠。哀請之心極切。故世尊摩頂安慰而後告也。即時十方世界六種震動者。表破根本無明。則六根翻破。故震動也。世界本唯一真。故云普佛。微塵如來各有寶光同時來灌釋迦頂者。以表釋迦所說頂法。與諸佛道同也。諸佛異口同音告阿難者。以阿難初請十方如來得成菩提妙奢摩他三摩禪那最初方便。故今正示觀相。諸佛同告。以表十方諸如來。一道出生死。即所示者。乃諸佛最初之方便也。使汝輪轉生死結根。唯汝六根。更無他物。令汝速證安樂解脫。亦汝六根。更非他物。以示諸佛修證皆同。欲令阿難諦信不疑也。此非阿難所知。故致疑重請。本尊先指真源以示之曰。根塵同一真源。縛脫本無二致。斯則直指一心。更無剩法矣。疑謂既是一真。無奈現有無明識性。故曰識性虛妄。猶如空華。本無所有。此言無明體空也。疑是本空。然則根塵從何而有。故曰由塵以發知。即所既既妄立。生汝妄能也。因根有相。謂無明雖空。今既結成根。則有妄相。此明根塵妄發也。即此見相二分。原是無明所成。無明既是本空。則此相見亦了無自性。故喻如交蘆。蓋蘆體本空。而交處亦空。此明妄元無體也。知見立知等者。謂無明根塵。一一本空。空則一法不有。唯一真獨存。但汝於所知所見。性自天然。不必更立知見。若強立一知見。則是無明之本矣。是故即今返妄歸真。不必別修。但於知見不起妄見。即是涅槃無漏真淨矣。此示迷悟同源也。云何是中更容他物耶。此結指真際。而修行之要。莫切於此矣。有未盡之義。故重說偈言。

◇二偈頌正示觀相分六

◎初依一心立三觀之相

眞性（宗本）有爲空。（空觀）緣生故如幻。（假觀）無爲無起滅。不實如空華。（中觀）

◎二即一心為所觀之境

言妄顯諸眞。妄眞同二妄。（真妄雙絕）猶非眞非眞。云何見所見。（根境兩忘）中間無實性。是故若交蘆。（無明體空）結解同所因。（迷悟同源）聖凡無二路。（歸源無二）汝觀交中性。空有二俱非。（直觀中道）迷晦即無明。發明便解脫。（正出同源所以）

◎三依圓根為入理之門

解結因次第。六解一亦亡。根選擇圓通。入流成正覺。

◎四指生相無明為所斷之惑

陀那微細識。習氣成暴流。眞非眞恐迷。我常不開演。

◎五頓證一心顯三觀之用

自心取自心。非幻成幻法。（真妄互立）不取無非幻。（妄滅真亡）非幻尚不生。幻法云何立。（真窮惑盡）

◎六諸佛同證結三觀之名

是名妙蓮華。金剛王寶覺。如幻三摩提。彈指超無學。此阿毗達磨。十方薄伽梵。一路涅槃門。

議曰。此真性下。至發明便解脫。為應頌。正示三觀之相義也。真性。

乃宗本也。謂真如妙性。為萬法之宗。故首標之。有為空。此示空觀也。謂諸有為法。依真而立。雖有而性常自空。即此為空觀。以空則唯一真如。了無一法。寂滅湛然。故當奢摩他義也。緣生故如幻。此示假觀也。謂真如體空。以不變而隨緣。故成諸法。以諸法本無。但以緣會而生。緣會而生。則未生無有。有而性常自空。故如幻耳。明照諸法當體如幻。故當三摩義也。無為無起滅不實如空華。此示中觀也。謂真如無為。本無起滅。今既隨緣成事。似有起滅。以幻體不實。了無起處。故如空華。以空華本無起滅。而空體一向寂然。謂真性寂然。不礙隨緣。雖任隨緣。而真源湛寂。斯則空有齊彰。中道頓顯。故當禪那義也。然此三觀。總依一心以示其相。即首楞嚴大定。此定乃解結之秘訣。破惑之神符也。佛佛成道。皆以此為密因。而阿難最初便問此定。以迷妄根深。故先破妄以顯三觀之體。及問行門。乃審生死結根。今既知結根。故請解結之方。至此諸佛方同聲顯示者。足見此法甚深。非諦信不疑者。未可輕易拈出也。言妄顯諸真一偈半。乃示即一心真源為所觀之境。謂依一心建立三觀。以此三觀還照一心。故為觀境。謂寂滅一心真妄雙絕。且真之名。但由妄顯。若言妄言真。總皆是妄。故曰妄真同二妄。且此心猶不說真與非真。云何而有能見所見。是知能所皆因無明而立。若了無明體空。則根塵自泯。能所雙忘。以根塵交處。全體本空。空則不結。不結則根塵頓消。而解結之妙。無尚此矣。結解同所因下。

為伽陀。乃出同源之所以也。謂迷一心而為無明。妄立能所對待。根塵因此而結。今解亦因此而解。以聖凡同稟一心。元無二路。今汝但觀根塵相交之中。本無實性。從何而結耶。無明妄立。故非空。雖有而無自性。故非有。言空言有。皆依無明。而湛寂一心。空有兩絕。故二俱非。汝但觀此交中之性。迷晦即是無明。若發明即成解脫矣。何難之有哉。解結因次第下一偈。意依圓根為入理之門。謂既有六結。須次第解之。故曰因次第。若六結解而一亦不存。故曰六解一亦亡。以此故須選擇圓根。即可入流成正覺也。陀那下的指根本無明為所斷之惑。謂能斷者三觀。此識甚深微細。熏變難思。以習氣內鼓。使湛淵心體遂成瀑流。以真妄和合。故曰真非真恐迷。謂恐外道二乘妄執為我。起斷常見。故尋常不敢開演也。今所斷者正此識耳。自心取自心下五句。示頓證一心。以顯三觀之用。由迷真心而成業識。變起根塵諸法。不達自心所現。故執取而起惑造業。豈非自心取自心耶。因一取字。故令非幻之真。而成虛幻之妄法。今若返妄歸真。更無別法。只不取。則根塵頓消。真且不立。幻法從何而立耶。此真窮惑盡。只在了此發業無明本空。而潤生之愛取。則當下消亡。此所以不勞肯綮而頓證無生也。歸真之要。莫切於此。是名妙蓮華下三句。總結觀名。謂此大定是名妙蓮華。以本來無染。故猶蓮華。無堅不摧。故名金剛王寶覺即有以觀空。故曰如幻三摩提。彈指超無學者。此顯法利。能收速效也。阿毗達摩。此云無比法。顯法勝也。十方薄伽梵。一路涅槃門。顯佛佛同修同證也。一往開示妙義。盡萃此章。故判為正示觀相。此外更無顯了若此者。幸深觀之。

上示三觀之相竟

◎三略示解結之方分三　△初經家敘致

於是阿難。及諸大衆。聞佛如來無上慈誨。祇夜伽陀。雜糅精瑩。妙理清徹。心目開明。歎未曾有。阿難合掌。頂禮白佛。我今聞佛無遮大悲。性淨妙常眞實法句。

△二當機啟請分二　◎初問六解一亡

心猶未達六解一亡。

◎ 二問舒結倫次

舒結倫次。惟垂大慈。再愍斯會。及與將來。施以法音。洗滌沈垢。

議曰。此下略示解結之方也。阿難因聞解結次第。以未知六解一亡。舒結倫次。意請明下手之方也。

△ 三世尊巧示分二 ◎ 初答六解一亡分三

∧ 初示根結所由分五

◎ 初借顯妄迷一心而成五陰

即時如來於師子座。整涅槃僧。歛僧伽梨。攬七寶几。引手於几。取劫波羅天所奉華巾。

◎二借顯妄結五陰而成六根

於大衆前綰成一結。示阿難言。此名何等。阿難大衆俱白佛言。此名爲結。於是如來綰疊華巾。又成一結。重問阿難。此名何等。阿難大衆。又白佛言。此亦名結。如是倫次綰疊華巾。總成六結。一一結成。皆取手中所成之結。持問阿難。此名何等。阿難大衆。亦復如是次第詶佛。此名爲結。

◎三借顯一六義生

佛告阿難。我初綰巾。汝名爲結。此疊華巾。先實一條。第二第三。云何汝曹復名爲結。阿難白佛言。世尊。此寶疊華緝績成巾。雖本一體。如我思惟。如來一綰。得一結名。若百綰成。終名百結。何況此巾祇有六結。終不至七。亦不停五。云何如來祇許初時。第二第三。不名為結。

◎四借顯六根同異

佛告阿難。此寶華巾。汝知此巾元止一條。我六綰時。名有六結。汝審觀察。巾體是同。因結有異。於意云何。初綰結成。名為第一。如是乃至第六結生。我今欲將第六結名。成第一不。不也。世尊。六結若存。斯第六名。終非第一。縱我歷生盡其明辯。如何令是六結亂名。

◎五結合六根同異

佛言如是。六結不同。循顧本因。一巾所造。令其雜亂。終不得成。則汝六根。亦復如是。畢竟同中。生畢竟異。

議曰。此巧示六結同異之元也。如來取劫波羅天所奉華巾將為結本者。以巾有五色。意表迷一真而為五蘊。將依此而妄分六根也。佛告阿難下。徵示一六義生也。以此華巾先實一條。次第綰成六結。正表元依一精明。分成六和合也。此寶華巾下。至生畢竟異。借顯六根同異也。　上示巾結所由

△二示六解一亡分二　◎初借顯六解一亡

佛告阿難。汝必嫌此六結不成。願樂一成。復云何得。阿難言。此結若存。是非鋒起。於中自生此結非彼。彼結非此。如來今日若總解除。結若不生。則無彼此。尚不名一。六云何成。

△二法合真妄不生

佛言。六解一亡。亦復如是。由汝無始心性狂亂。知見妄發。發妄不息。勞見發塵。如勞目睛。則有狂華。於湛精明。無因亂起。一切世間山河大地。生死涅槃。皆即狂勞顛倒華相。

議曰。此示六解一亡。以顯本無一六義也。佛問阿難。汝必嫌此六結。願樂一成。云何能得者。意使阿難自悟六解一亡之義也。蓋以一喻無明。六喻六根。阿難領知。結若不生。一尚無名。云何成六。故佛印許亦復如是。此乃借事以明。故下正示之曰。由汝無始知見妄發。發妄不息。如目勞而見狂華。故於元湛精明一真體中。無因亂起一切世間山河大地。而真淨界中。生死涅槃。皆即狂勞顛倒華相。是所謂妄真同二妄。妄滅而真亦不存。六解一亡。義見於此。

△三示解結之方分五　◎初借顯二邊無力

阿難言。此勞同結。云何解除。如來以手。將所結巾。偏掣其左。問阿難言。如是解不。不也。世尊。旋復以手偏牽右邊。又問阿難。如是解不。不也。世尊。佛告阿難。我今以手左右各牽。竟不能解。汝設方便。云何解成。

◎二借顯中道收功

阿難白佛言。世尊。當於結心。解即分散。

◎三借令直觀中道

佛告阿難。如是如是。若欲除結。當於結心。

◎四正示成佛真因

阿難。我說佛法。從因緣生。非取世間和合麤相。如來發明世出世法。知其本因。隨所緣出。如是乃至恆沙界外一滴之雨。亦知頭數。現前種種。松直棘曲。鵠白烏玄。皆了元由。

◎五結示由根證入

是故阿難。隨汝心中選擇六根。根結若除。塵相自滅。諸妄銷亡。不眞何待。

議曰。此正示解結之方也。阿難問云。此勞同結云何解除。雖就巾結而問。意在即請解根結之方。故以此勞同結為請。世尊巧示。乃以手左右偏掣而問。阿難皆云不能解者。意顯二邊無力也。乃返令阿難。汝設方便。云何解成。阿難答曰。當於結心。解即分散。然如來豈不自知解結當心。而返徵阿難者。正是欲令自知下手之處。故佛印許當於結心。意令直觀中道也。下示成佛真因。欲令當機諦信不疑。故佛自陳一切世出世法。皆了元因。矧此修行。豈不知其節要耶。今則隨汝心中選擇六根。根結若除。則塵相自滅。諸妄消亡。不真何待。此的示由根證入也。

上總答六解一亡

◎二答舒結倫次分四　◇初借顯生因識有

阿難。吾今問汝。此劫波羅巾。六結現前。同時解縈。得同除不。不也。世尊。是結本以次第綰生。

∧二借顯滅從色除

今日當須次第而解。六結同體。結不同時。則結解時。云何同除。

∧三法合解結次第分三

◎初由中道斷見思以證人空

佛言。六根解除。亦復如是。此根初解。先得人空。

◎二由中道斷塵沙以證法空

空性圓明。成法解脫。

◎三由中道斷無明以證無生

解脫法已。俱空不生。

︽四結歸觀心

是名菩薩從三摩地。得無生忍。

議曰。此答舒結倫次也。結由次第而綰者。借顯生因識有。今亦次第而解者。借顯滅從色除也。上皆借事以顯。下以法合解結次第。此根初解先得人空者。謂由奢摩中道觀。任運先斷見思。滅分段生死。故曰先得人空。此從觀行以滿十信也。空性圓明成法解脫者。謂由三摩中道觀。滅塵沙惑。分破無明。乃從初住以去。歷三賢以至登地也。解脫法已俱空不生者。此由禪那中道觀。入初地。中中流入薩婆若海。此歷十地以極等覺也。故結歸觀心。乃曰是名菩薩從三摩地得無生忍。解結之方。無尚此矣。自非如來大慈。何以曲盡如此哉。

上示解結之方竟

議曰。按經通途。阿難最初啟請十方如來得成菩提妙奢摩他三摩禪那最初方便。蓋三觀乃佛佛成道之本。所謂一道出生死。其最初方便。乃各各發心悟道之本因。正如解結之功夫也。從前如來已為阿難巧示解結之方。審明下手之處。不啻三令五申矣。至此重假二十五聖旁通者。正示各各最初悟道之方便也。如趨王城。家家有路透長安。但出門一步。即在各人腳跟下。隨方取便耳。故圓覺修心。而有二十五輪之觀法。此經有二十五聖之妙門。即其人人悟處。皆可還源。但取圓通本根。虛而易入。故選耳根為第一。此正除結當心。勅二十五聖之意也。

◎四廣示最初方便分四　△初當機特請當根

阿難及諸大衆。蒙佛開示。慧覺圓通。得無疑惑。一時合掌。頂禮雙足。而白佛言。我等今日身心皎然。快得無礙。雖復悟知一六亡義。然猶未達圓通本根。世尊。我輩飄零積劫孤露。何心何慮。預佛天倫。如失乳兒。忽遇慈母。若復因此際會道成。所得密言。還同本悟。則與未聞無有差別。惟垂大悲。惠我秘嚴。成就如來最後開示。作是語已。五體投地。退藏密機。冀佛冥授。

△二世尊借證密授分二　▣初世尊借問

爾時世尊。普告衆中諸大菩薩。及諸漏盡大阿羅漢。汝等菩薩及阿羅漢。生我法中。得成無學。吾今問汝。最初發心悟十八界。誰爲圓通。從何方便。入三摩地。

議曰。此下廣示最初方便也。阿難大衆已悟一六亡義。但猶未達圓通本根。冀望開示。所得密言者。已領六解一亡之義。謂諸如來所說之法也。還同本悟者。謂先悟實相。但於華屋未得門入。猶與未聞等也。世尊不自開示。乃問在會菩薩聲聞者。意借各人所入之初心方便。以顯門門皆可證入也。冀佛冥授。故如來默然。假衆以說。

◎二諸聖證成分三　《初諸聖宣示分二

◎初二十四聖別證分四　⚇初六塵分六

△一聲塵

憍陳那五比丘。即從座起。頂禮佛足。而白佛言。我在鹿苑及於雞園。觀見如來最初成道。於佛音聲。悟明四諦。佛問比丘。我初稱解。如來印我。名阿若多。妙音密圓。我於音聲。得阿羅漢。佛問圓通。如我所證。音聲爲上。

議曰。此下二十五聖。由三科七大。此從聲塵而入者也。憍陳那此云火器。以先世為事火外道。因以命族。五比丘。乃佛最初得度者。佛出家時。淨梵乃命家族三人。一阿顯婆。二跋提。三摩訶男拘利。舅氏二人。一憍陳那。二十力迦葉。勅此五人隨衛。後捨佛各修異道。及如來成道。思度五人。遂之鹿苑。三轉四諦法輪。問言解否。陳那答言已解。佛印許。阿若多。此云解。此由聞聲得悟者。

△二色塵

優波尼沙陀。即從座起。頂禮佛足。而白佛言。我亦觀佛最初成道。觀不淨相。生大厭離。悟諸色性。以從不淨。白骨微塵。歸於虛空。空色二無。成無學道。如來印我名尼沙陀。塵色既盡。妙色密圓。我從色相。得阿羅漢。佛問圓通。如我所證。色因爲上。

議曰。此由色塵而入者也。優波尼沙陀。此云近少。亦云塵性空。由悟色性以得名。從不淨觀。以至白骨微塵。歸於虛空。

△三香塵

香嚴童子。即從座起。頂禮佛足。而白佛言。我聞如來教我諦觀諸有爲相。我時辭佛。宴晦清齋。見諸比丘燒沈水香。香氣寂然來入鼻中。我觀此氣。非木非空。非煙非火。去無所著。來無所從。由是意銷。發明無漏。如來印我得香嚴號。塵氣倏滅。妙香密圓。我從香嚴。得阿羅漢。佛問圓通。如我所證。香嚴爲上。

議曰。此由香塵而入者也。菩薩以童真入道。故稱童子。觀香非木非空非煙非火。則香嚴體空。去無所著。來無所從。則塵境如如。由是意消。發明無漏。

△四味塵

藥王藥上二法王子。并在會中五百梵天。即從座起。頂禮佛足。而白佛言。我無始劫。爲世良醫。口中嘗此娑婆世界草木金石。名數凡有十萬八千。如是悉知苦醋鹹淡甘辛等味。并諸和合。俱生變異。是冷是熱。有毒無毒。悉能偏知。承事如來。了知味性。非空非有。非即身心。非離身心。分別味因。從是開悟。蒙佛如來印我昆季。藥王藥上二菩薩名。今於會中爲法王子。因味覺明位登菩薩。佛問圓通。如我所證。味因爲上。

議曰。此由味塵而入者也。堪紹佛種。故稱法王子。藥王多劫知味。非一時也。了知味性本空。約身心即根識與味塵對觀。非即非離。

則中道自顯。分別味因。則無明體空。了證無生。

◎五觸塵

跋陀婆羅。幷其同伴十六開士。即從座起。頂禮佛足。而白佛言。我等先於威音王佛。聞法出家。於浴僧時。隨例入室。忽悟水因。既不洗塵。亦不洗體。中間安然。得無所有。宿習無忘。乃至今時。從佛出家。令得無學。彼佛名我跋陀婆羅。妙觸宣明。成佛子住。佛問圓通。如我所證。觸因爲上。

議曰。此由觸塵而入者也。跋陀婆羅。此云賢護。忽悟水因。既不洗塵。境空也。亦不洗體。根空也。根塵既空。而中間安然。得無所有。此脫根塵而入空性。

◎六法塵

摩訶迦葉。及紫金光比丘尼等。即從座起。頂禮佛足。而白佛言。我於往劫。於此界中。有佛出世。名日月燈。我得親近。聞法修學。佛滅度後。供養舍利。然燈續明。以紫光金塗佛形像。自爾以來。世世生生。身常圓滿紫金光聚。此紫金光比丘尼等。即我眷屬。同時發心。我觀世間六塵變壞。唯以空寂修於滅盡。身心乃能度百千劫。猶如彈指。我以空法。成阿羅漢。世尊說我頭陀爲最。妙法開明。銷滅諸漏。佛問圓通。如我所證。法因爲上。

議曰。此由法塵而入者也。摩訶迦葉。此云大飲光氏。名畢鉢羅。頭陀第一。供佛舍利等。敘往因也。觀六塵變壞。生滅也。唯以空寂。無生也。以觀生滅得證無生。故曰空法。

㊂ 二五根分五 ◎ 初眼根

阿那律陀。即從座起。頂禮佛足。而白佛言。我初出家。常樂睡眠。如來訶我為畜生類。我聞佛訶。啼泣自責。七日不眠。失其雙目。世尊示我樂見照明金剛三昧。我不因眼。觀見十方。精眞洞然。如觀掌果。如來印我成阿羅漢。佛問圓通。如我所證。旋見循元。斯爲第一。

議曰。此下由五根而入者也。阿那律。此云無貧。是佛堂弟白飯王之子。多樂睡眠。佛呵之曰。咄咄胡為寐。螺螄蚌蛤類。一睡一千年。

不聞佛名字。因此發憤。不睡失明。依教修行。遂得天眼通。不因眼觀見十方者。所謂明不循根。不明自發。則諸暗相永不能昏。

◎二鼻根

周利槃特迦。即從座起。頂禮佛足。而白佛言。我闕誦持。無多聞性。最初值佛。聞法出家。憶持如來一句伽陀。於一百日。得前遺後。得後遺前。佛愍我愚。教我安居調出入息。我時觀息。微細窮盡。生住異滅。諸行剎那。其心豁然。得大無礙。乃至漏盡。成阿羅漢。住佛座下。印成無學。佛問圓通。如我所證。反息循空。斯爲第一。

議曰。此由鼻根而入者也。周利槃特迦。此云蛇奴。亦云繼道。以生於路邊故性最愚鈍。以前世為法師。秘吝佛法。故感愚報。五百比丘同教一偈。經九十日不能記憶。世尊教止散亂。觀出入息。遂得心開。返息循空。離出入息也。

△三舌根

憍梵鉢提。即從座起。頂禮佛足。而白佛言。我有口業。於過去劫。輕弄沙門。世世生生。有牛呞病。如來示我一味清淨心地法門。我得滅心。入三摩地。觀味之知。非體非物。應念得超世間諸漏。內脫身心。外遺世界。遠離三有。如鳥出籠。離垢銷塵。法眼清淨。成阿羅漢。如來親印登無學道。佛問圓通。如我所證。還味旋知。斯爲第一。

議曰。此由舌根而入者也。憍梵鉢提。此云牛呞。牛事虛哨。感報如之。非體非物。則根塵兩忘。故內脫身心。外遺世界。

△四身根

畢陵伽婆蹉。即從座起。頂禮佛足。而白佛言。我初發心從佛入道。數聞如來說諸世間不可樂事。乞食城中。心思法門。不覺路中毒刺傷足。舉身疼痛。我念有知。知此深痛。雖覺覺痛。覺清淨心。無痛痛覺。我又思惟。如是一身。寧有雙覺。攝念未久。身心忽空。三七日中。諸漏虛盡。成阿羅漢。得親印記。發明無學。佛問圓通。如我所證。純覺遺身。斯爲第一。

議曰。此由身根而入者也。畢陵伽婆蹉。此云餘習。昔為婆羅門。餘習多慢。如罵河神曰小婢之類。初入道時。聞佛所說世間無常苦空之法。故云不可樂事。心思法門而路中不覺毒刺傷足。此苦事也。我念身有知。而知此深痛。雖有知覺。覺此深痛。返觀覺心淸淨。無有痛能痛此覺心者。是所謂純覺遺身。

△五意根

須菩提。即從座起。頂禮佛足。而白佛言。我曠劫來。心得無礙。自憶受生如恆河沙。初在母胎。即知空寂。如是乃至十方成空。亦令衆生證得空性。蒙如來發性覺眞空。空性圓明。得阿羅漢。頓入如來寶明空海。同佛知見。印成無學。解脫性空。我爲無上。佛問圓通。如我所證。諸相入非。非所非盡。旋法歸無。

斯爲第一。

議曰。此由意根而入者也。須菩提。此云空生。又云善現。以生時庫藏皆空。解空為上。因久知空寂。故從佛得聞性覺真空。遂得開悟。同佛知見者。蓋言分同佛所觀空理。非全同也。非所非盡。謂非所之非亦盡。

三六識分六 △初眼識

舍利弗。即從座起。頂禮佛足。而白佛言。我曠劫來。心見清淨。如是受生如恆河沙。世出世間種種變化。一見則通。獲無障礙。我於路中。逢迦葉波兄弟相逐。宣說因緣。悟心無際。從佛出家。見覺明圓得大無畏。成阿羅漢。爲佛長子。從佛口生。從法化生。佛問圓通。如我所證。心見發光。光極知見。斯爲第一。

議曰。此由眼識而入者也。舍利弗。此云鶖子。連母名也。曠劫以來心見清淨。則宿因已深。世出世間種種變化。謂四諦生滅法也。心見發光。光極知見。謂不由前塵所起知見。

◬ 二耳識

普賢菩薩。即從座起。頂禮佛足。而白佛言。我已曾與恆沙如來爲法王子。十方如來。教其弟子菩薩根者。修普賢行。從我立名。世尊。我用心聞。分別衆生所有知見。若於他方恆沙界外。有一衆生。心中發明普賢行者。我於爾時乘六牙象。分身百千。皆至其處。縱彼障深。未得見我。我與其人暗中摩頂。擁護安慰。令其成就。佛問圓通。我說本因。心聞發明。分別自在。斯爲第一。

議曰。此由耳識而入者也。行彌法界曰普。位鄰極聖曰賢。若耳識分別。則有限量。今以心聞。故心徧十方。而聞亦徧法界。蓋眾生所有知見。不出此心之外。故能一一分別也。但有心契普賢行者。即為攝受擁護。以由心聞。故分別自在。

◎三鼻識

孫陀羅難陀。即從座起。頂禮佛足。而白佛言。我初出家從佛入道。雖具戒律。於三摩地。心常散動。未獲無漏。世尊教我及俱絺羅。觀鼻端白。我初諦觀。經三七日。見鼻中氣。出入如煙。

身心內明。圓洞世界。徧成虛淨。猶如瑠璃。煙相漸消。鼻息成白。心開漏盡。諸出入息。化爲光明。照十方界。得阿羅漢。世尊記我。當得菩提。佛問圓通。我以消息。息久發明。明圓滅漏。斯爲第一。

議曰。此由鼻識而入者也。孫陀羅難陀。此云豔喜。兼妻得名也。乃佛親弟。出家之初。因心散動。故佛教令觀鼻端白。所以注心不涉攀緣。故為依鼻識也。前數息。但依根耳。諸出入息化為光明。以離識故。心光發越。照十方界。

◎四舌識

富樓那彌多羅尼子。即從座起。頂禮佛足。而白佛言。我曠劫來。辯才無礙。宣說苦空。深達實相。如是乃至恆沙如來秘密法門。我於衆中。微妙開示。得無所畏。世尊知我有大辯才。以音聲輪。教我發揚。我於佛前。助佛轉輪。因師子吼。成阿羅漢。世尊印我。說法無上。佛問圓通。我以法音。降伏魔怨。消滅諸漏。斯爲第一。

議曰。此由舌識而入者也。富樓那。此云滿。彌多羅。此云慈。尼。女稱。乃其母也。從曠劫來。辯才無礙。則宿因已深。宣說苦空四諦生滅之法。而能達於實相。是謂微妙開示者也。以舌識宣揚妙法。而得漏盡。是所謂善解法義。隨說悟入。

△五身識

優波離。即從座起。頂禮佛足。而白佛言。我親隨佛踰城出家。親觀如來六年勤苦。親見如來降伏諸魔。制諸外道。解脫世間貪欲諸漏。承佛教戒。如是乃至三千威儀。八萬微細性業遮業。悉皆清淨。身心寂滅。成阿羅漢。我是如來衆中綱紀。親印我心。持戒修身。衆推爲上。佛問圓通。我以執身。身得自在。次第執心。心得通達。然後身心一切通利。斯爲第一。

議曰。此由身識而入者也。優波離。此云近執。如來為太子時。親近執事之臣也。謂殺盜婬妄。性本是罪。不待制止。犯而成業。故云性業。其餘即因過始制。制前犯即無罪。故云遮業。以二業既空。故身心寂滅。以身戒圓明。故身自在。心戒圓明。故心自在。

◎ 六意識

大目犍連即從座起。頂禮佛足。而白佛言。我初於路乞食。逢遇優樓頻螺。伽耶。那提。三迦葉波。宣說如來因緣深義。我頓發心。得大通達。如來惠我袈裟著身。鬚髮自落。我遊十方。得無罣礙。神通發明。推爲無上。成阿羅漢。寧唯世尊。十方如來歎我神力。圓明清淨。自在無畏。佛問圓通。我以旋湛。心光發宣。如澄濁流。久成清瑩。斯爲第一。

議曰。此由意識而入者也。目犍連。此云采菽氏。名拘律陀。此云無節樹。優樓頻螺。此云木瓜癃。伽耶。此云城。亦名山。那提。此云河。三迦葉波所住之處也。因緣深義。謂無生法也。以意識生滅。今悟無生。故心得通達。旋湛。謂不逐生滅前塵。故心光發宣。

上由十八界而悟入者下由七大而悟入者

四七大分七　初火大

烏芻瑟摩。於如來前。合掌頂禮佛之雙足。而白佛言。我常先憶久遠劫前。性多貪欲。有佛出世。名曰空王。說多婬人。成猛火聚。教我徧觀百骸四肢。諸冷煖氣。神光內凝。化多婬心。成智慧火。從是諸佛皆呼召我。名爲火頭。我以火光三昧力故。成阿羅漢。心發大願。諸佛成道。我爲力士。親伏魔怨。佛問圓通。我以諦觀身心煖觸。無礙流通。諸漏既銷。生大寶焰。登無上覺。斯爲第一。

議曰。此由火大而入者也。烏芻瑟摩。此云火頭。此火大。非外火也。乃就自心欲火而觀。化多婬心成智慧火。所謂性火耳。因如來藏。具有真空性火。凡婬機一動。助發婬心。故生為欲火。死為業火。然婬欲為生死根本。由性火以成。今徧觀百骸四肢。諸冷煖觸。本自性空。故婬心滅。而智光現前。所謂生大寶燄。

◎二地大

持地菩薩。即從座起。頂禮佛足。而白佛言。我念往昔。普光如來出現於世。我為比丘。常於一切要路津口。田地險隘。有不如法。妨損車馬。我皆平塡。或作橋梁。或負沙土。如是勤苦。經無量佛出現於世。或有衆生於闤闠處。要人擎物。我先為擎。

至其所詣。放物即行。不取其直。毗舍浮佛現在世時。世多饑荒。我爲負人。無問遠近。唯取一錢。或有車牛被於泥溺。我有神力爲其推輪。拔其苦惱。時國大王。延佛設齋。我於爾時平地待佛。毗舍如來。摩頂謂我。當平心地。則世界地一切皆平。我即心開。見身微塵。與造世界所有微塵。等無差別。微塵自性。不相觸摩。乃至刀兵。亦無所觸。我於法性。悟無生忍。成阿羅漢。迴心今入菩薩位中。聞諸如來宣妙蓮華佛知見地。我先證明。而爲上首。佛問圓通。我以諦觀身界二塵。等無差別。本如來藏。虛妄發塵。塵銷智圓。成無上道。斯爲第一。

議曰。此由地大而入者也。持地菩薩。先平世界地。是未達塵性本空。故因毗舍浮佛。教平心地。即得心開。以心地平等。則一切平等。故見自身微塵與外微塵。等無差別。是悟微塵性空。本無內外也。性不相觸者。如以空合空故也。塵性既空。則一切皆空。故刀兵亦無所觸耳。古人將頭臨白刃。猶似斬春風者。以悟塵性空故。塵銷智圓。則本如來藏矣。

△三水大

月光童子。即從座起。頂禮佛足。而白佛言。我憶往昔恆河沙劫。有佛出世。名爲水天。教諸菩薩修習水觀。入三摩地。觀於身中。水性無奪。初從涕唾。如是窮盡津液精血。大小便利。身中旋復。水性一同。見水身中。與世界外浮幢王剎諸香水海。

等無差別。我於是時。初成此觀。但見其水。未得無身。當爲比丘。室中安禪。我有弟子。闚窗觀室。唯見清水。徧在室中。了無所見。童稚無知。取一瓦礫。投於水內。激水作聲。顧盼而去。我出定後。頓覺心痛。如舍利弗。遭違害鬼。我自思惟。今我已得阿羅漢道。久離病緣。云何今日忽生心痛。將無退失。爾時童子。捷來我前。說如上事。我則告言。汝更見水。可即開門。入此水中。除去瓦礫。童子奉教。後入定時。還復見水。瓦礫宛然。開門除出。我後出定。身質如初。逢無量佛。如是至於山海自在通王如來。方得亡身。與十方界諸香水海。性合眞空。無二無別。今於如來。得童眞名。預菩薩會。佛問圓通。我以水性一味流通。得無生忍。圓滿菩提。斯爲第一。

議曰。此由水大而入者也。當爲比丘。當爾時也。定成水觀。有弟子者。即見水滿一室。是知唯識所變也。昔有僧居山入火觀。則遠見徧山火光。故知性水性火。圓滿周徧。但循業發現耳。初未忘身。以定有出入故。亡身之後。對待情忘。故內身之水。與香水海。性合真空。無二無別。方顯性水真空。本圓周徧。一味流通。性無二故。

△四風大

瑠璃光法王子。即從座起。頂禮佛足。而白佛言。我憶往昔經恆沙劫。有佛出世。名無量聲。開示菩薩本覺妙明。觀此世界及衆生身。皆是妄緣風力所轉。我於爾時觀界安立。觀世動時觀身動止。觀心動念。諸動無二。等無差別。我時覺了此羣動性。來無所從。去無所至。十方微塵顛倒衆生。同一虛妄。如是乃至三千大千一世界內。所有衆生。如一器中。貯百蚊蚋。啾啾亂鳴。於分寸中。鼓發狂鬧。逢佛未幾。得無生忍。爾時心開。乃見東方不動佛國。爲法王子。事十方佛。身心發光。洞徹無礙。佛問圓通。我以觀察風力無依。悟菩提心。入三摩地。合十方佛傳一妙心。斯爲第一。

議曰。此由風大而入者也。此風大。但觀諸衆生身。皆是妄緣風力所轉。故一切羣動。俱屬妄緣。本性寂滅。故曰諸動無二。則知動無去來之相。而衆生顛倒。但於寂滅性中。鼓發狂鬧耳。動本無動。故於東方不動佛國為法王子。身無動止。心無生滅。故身心發光。洞徹無礙也。

◎五空大

虛空藏菩薩。即從座起。頂禮佛足。而白佛言。我與如來定光佛所。得無邊身。爾時手執四大寶珠。照明十方微塵佛剎。化成虛空。又於自心現大圓鏡。內放十種微妙寶光。流灌十方。盡虛空際。諸幢王剎。來入鏡內。涉入我身。身同虛空。不相妨礙。身能善入微塵國土。廣行佛事。得大隨順。此大神力。由我諦觀。四大無依。妄想生滅。虛空無二。佛國本同。於同發明。得無生忍。佛問圓通。我以觀察虛空無邊。入三摩地。妙力圓明。斯爲第一。

議曰。此由空大而入者也。虛空是色之體。因迷真空。妄結四大。故失空性。今以四大寶珠。照十方微塵佛剎。化成虛空者。以觀四大圓明。體合真空。是所謂得無邊身也。自心現大圓鏡。故光照十方盡虛空際。此心合真空也。以大圓鏡智平等顯現故也。諸剎來入鏡內。涉入我身。身同虛空。不相妨礙者。良以鏡智圓照。身心寂滅依。正平等。所以善入國土。廣行佛事也。得大隨順者。則一一皆入平等法界矣。

△六識大

彌勒菩薩。即從座起。頂禮佛足。而白佛言。我憶往昔經微塵劫。有佛出世。名日月燈明。我從彼佛而得出家。心重世名。好遊族姓。爾時世尊。教我修習唯心識定。入三摩地。歷劫已來。以此三昧。事恆沙佛。求世名心。歇滅無有。至然燈佛出現於世。我乃得成無上妙圓識心三昧。乃至盡空如來國土。淨穢有無。皆是我心變化所現。世尊。我了如是唯心識故。識性流出無量如來。今得授記。次補佛處。佛問圓通。我以諦觀十方唯識。識心圓明。入圓成實。遠離依他。及徧計執。得無生忍。斯爲第一。

議曰。此由識大而入者也。彌勒久修唯識法門。往昔出家心重世名者。以迷智成識。堅執我愛。故心重世名。以耽染六塵。遊戲諸根。

故好游族姓。以根塵識三。和合為界。界者。種族義。以久修唯心識定。歷事多佛。了悟萬法唯識。故求世名心歇滅無有。至然燈佛。方成妙圓識心三昧。乃了國土淨穢。皆是自心變現。無量如來。皆從識性流出。故得授記。次補佛處。由觀唯識。得圓成實。遠離依他。及偏計執。故得無生法忍也。

◎ 七見大

大勢至法王子。與其同倫五十二菩薩。即從座起。頂禮佛足。而白佛言。我憶往昔恆河沙劫。有佛出世。名無量光。十二如來。相繼一劫。其最後佛。名超日月光。彼佛教我念佛三昧。譬如有人。一專為憶。一人專忘。如是二人。若逢不逢。或見非見。二人相憶。二憶念深。如是乃至從生至生。同於形影。不相乖異。十方如來憐念衆生。如母憶子。若子逃逝。雖憶何爲。子若憶母。如母憶時。母子歷生。不相違遠。若衆生心。憶佛念佛。現前當來。必定見佛。去佛不遠。不假方便。自得心開。如染香人。身有香氣。此則名曰香光莊嚴。我本因地。以念佛心。入無生忍。今於此界。攝念佛人。歸於淨土。佛問圓通。我無選擇。都攝六根。淨念相繼。得三摩地。斯爲第一。

議曰。此由見大而入者也。唯此見大。乃八識之見分也。以迷大圓鏡智而為無明。成阿賴耶識。發起妄見。故為見分。以妄見根身器界。一切衆生執取染污故成穢土。今將返妄歸真。故以念佛攝歸淨土。則妄見一破。諸穢頓除。故以念佛為破妄見之要術也。以此妄見本是智光。故大勢所師之佛為無量光。此見由迷智變起。故如母之於子也。妄見妄流。隨情造業。故如子逃逝。諸佛智願攝化眾生。故如母憶子。若有返妄歸真之志。則如子憶母也。子母相憶。豈無見面之時。若眾生念念迴光返照。無有不見自心之佛也。如染香人者。以由熏變之力也。故大勢依此見大。攝念佛人皆歸淨土。都攝六根等者。以妄見根塵。念念執取。念念成染。造種種業。故臨終見地獄惡相。墮落生死。今念佛人。於六根門頭。一切見聞覺知。純一淨心。唯佛現前。念念成淨。故臨終見佛。故云都攝六根。淨念相繼。此正不思議熏變之力。淨土唯心。見於此矣。然見乃生死之本。若參禪。則曰不用求真。唯須息見。若念佛。則轉染見而成淨見。唯一見分。有用與不用。此禪淨之分也。

大佛頂如來密因修證了義諸菩薩萬行首楞嚴經通議卷第五